direito do consumidor

O selo DIALÓGICA da Editora InterSaberes faz referência às publicações que privilegiam uma linguagem na qual o autor dialoga com o leitor por meio de recursos textuais e visuais, o que torna o conteúdo muito mais dinâmico. São livros que criam um ambiente de interação com o leitor – seu universo cultural, social e de elaboração de conhecimentos –, possibilitando um real processo de interlocução para que a comunicação se efetive.

direito do consumidor

Ney Queiroz de Azevedo

EDITORA
intersaberes

Rua Clara Vendramin, 58 . Mossunguê
CEP 81200-170 . Curitiba . PR . Brasil
Fone: (41) 2106-4170
www.intersaberes.com
editora@editoraintersaberes.com.br

■ Conselho editorial
Dr. Ivo José Both (presidente)
Dr.ª Elena Godoy
Dr. Nelson Luís Dias
Dr. Neri dos Santos
Dr. Ulf Gregor Baranow

■ Editora-chefe
Lindsay Azambuja

■ Supervisora editorial
Ariadne Nunes Wenger

■ Analista editorial
Ariel Martins

■ Preparação de originais
Bela Prosa

■ Capa
Denis Kaio Tanaami (*design*)
COMSTOCK (imagem)

■ Projeto gráfico
Raphael Bernadelli

■ Diagramação
Querido Design

■ Iconografia
Vanessa Plugiti

Dados Internacionais de Catalogação na Publicação (CIP)
(Câmara Brasileira do Livro, SP, Brasil)

Azevedo, Ney Queiroz de
　　Direito do Consumidor / Ney Queiroz de Azevedo. Curitiba: InterSaberes, 2015.

　　Bibliografia.
　　ISBN 978-85-443-0232-3

　　1. Direito do Consumidor – Leis e legislação I. Título.

15-05613　　　　　　　　　　CDU-34:381.6(81)(094.4)

Índices para catálogo sistemático:
1. Consumidor: Direito 34:381.6(81)(094.4)
2. Direito do Consumidor 34:381.6(81)(094.4)

EDITORA AFILIADA

1ª edição, 2015.

Foi feito o depósito legal.

Informamos que é de inteira responsabilidade do autor a emissão de conceitos.

Nenhuma parte desta publicação poderá ser reproduzida por qualquer meio ou forma sem a prévia autorização da Editora InterSaberes.

A violação dos direitos autorais é crime estabelecido na Lei n. 9.610/1998 e punido pelo art. 184 do Código Penal.

apresentação 7

como aproveitar ao máximo este livro 9

Capítulo 1 **Noções de direito - 11**

1.1 Conceitos - 12
1.2 Fontes do direito - 13
1.3 Ramos do direito - 13

Capítulo 2 **Direito do Consumidor - 17**

2.1 Histórico da defesa do consumidor no Brasil - 18
2.2 Código de Defesa do Consumidor (CDC) - 19
2.3 Conceitos básicos das relações de consumo - 20
2.4 Princípios das relações de consumo - 25
2.5 Direitos básicos do consumidor - 28
2.6 Qualidade e segurança de produtos e serviços - 30

Capítulo 3 **Responsabilidades e garantias - 41**

3.1 Responsabilidade civil - 42
3.2 Responsabilidade penal - 48

sumário

3.3 Desconsideração da personalidade jurídica - 53
3.4 Garantia de produtos e serviços - 54

Capítulo 4 **Oferta, publicidade e aspectos processuais - 59**

4.1 Aspectos fundamentais da oferta - 60
4.2 Publicidade nas relações de consumo - 62
4.3 Aspectos processuais - 77

Capítulo 5 **Legislação aplicada ao Direito do Consumidor - 91**

5.1 Constituição Federal (CF) - 92
5.2 Estatuto de Defesa do Torcedor (EDT) - 94
5.3 Lei n. 12.529/2011 - 99
5.4 O Código Civil e a defesa do consumidor - 103
5.5 O direito na era digital e o Marco Civil da Internet - 104

consultando a legislação 111

para concluir... 113

referências 115

anexos 119

respostas 135

sobre o autor 139

Este livro, ao abordar o Direito do Consumidor e a legislação aplicada ao tema, trata de questões de grande relevância para a sociedade brasileira. Os debates que dizem respeito à defesa do cidadão-consumidor têm ocupado cada vez mais espaço no cenário nacional, mostrando-se presentes no dia a dia das pessoas, especialmente quando tratamos de suas interligações com o *marketing*.

Tendo isso em vista, no Capítulo 1 apresentaremos os conceitos básicos do direito, introduzindo o leitor ao tema e buscando provocar reflexões sobre a importância deste para a sociedade moderna. Trataremos, também, das fontes de que originam as leis e que pautam a construção dos dispositivos legais de cada país, analisando, ainda, a estruturação tradicional dos ramos do direito, identificando, especialmente, o Direito do Consumidor nesse cenário.

Nos capítulos 2, 3 e 4, discorreremos sobre o Direito do Consumidor no Brasil, trazendo aspectos históricos, sua evolução e estruturação. Permearemos os principais pontos da legislação consumerista, com base em aspectos relacionados à responsabilidade civil e penal, à publicidade ilícita e a questões processuais. Ressaltamos que o livro permite que o leitor compreenda não apenas os tópicos objetivos do Direito do Consumidor no Brasil, mas também que entenda a dimensão social deste e seus reflexos na sociedade.

No quinto e último capítulo, apresentaremos a legislação aplicada ao Direito do Consumidor, com destaque para a Constituição Federal (CF), o Estatuto de Defesa do Torcedor (EDT), o Conselho Administrativo de Defesa Econômica (Cade), o Sistema Brasileiro de Defesa da Concorrência (SBDC) e o Código Civil brasileiro.

Desse modo, o leitor poderá tomar contato com a estrutura do Direito do Consumidor atual, compreender as interligações com a legislação pertinente e, ainda, refletir sobre as repercussões da defesa do cidadão-consumidor na sociedade.

Este livro traz alguns recursos que visam enriquecer o seu aprendizado, facilitar a compreensão dos conteúdos e tornar a leitura mais dinâmica. São ferramentas projetadas de acordo com a natureza dos temas que vamos examinar. Veja a seguir como esses recursos se encontram distribuídos no projeto gráfico da obra.

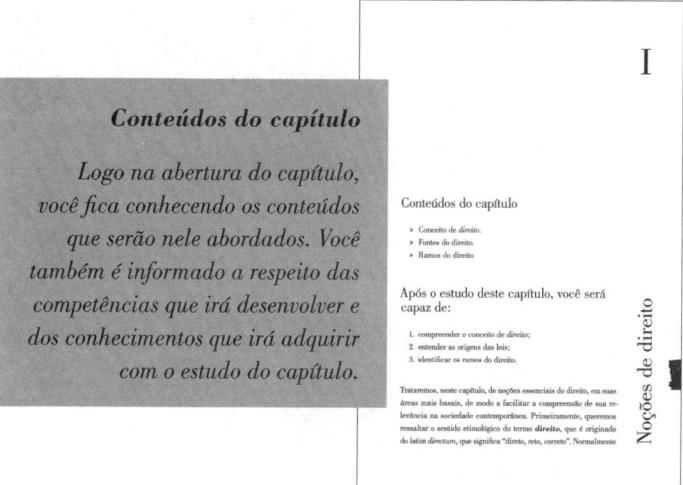

Conteúdos do capítulo

Logo na abertura do capítulo, você fica conhecendo os conteúdos que serão nele abordados. Você também é informado a respeito das competências que irá desenvolver e dos conhecimentos que irá adquirir com o estudo do capítulo.

Síntese

Você dispõe, ao final do capítulo, de uma síntese que traz os principais conceitos nele abordados.

como aproveitar ao máximo este livro

Questões para revisão

1) Assinale a afirmativa verdadeira:
   a. A proteção do consumidor brasileiro está prevista integralmente no CDC.
   b. O Código Civil brasileiro não trata da defesa do consumidor.
   c. A proteção legislativa do consumidor brasileiro tem origem na CF.
   d. O Cade atua de forma independente e não integra o SBDC.
   e. O CDC se sobrepõe à CF no que diz respeito ao consumidor.

2) Considerando que algumas leis (CF, CDC, Código Civil etc.) possuem dispositivos para defender os consumidores, como proceder em caso de conflito entre elas?

3) De que forma a CF é importante para a defesa dos consumidores no Brasil? Apresente os principais aspectos que fundamentam essa relevância.

4) O Marco Civil da Internet:
   a. revogou o CDC no que diz respeito às relações de consumo na internet.
   b. não aborda questões relevantes aos consumidores na internet.
   c. complementa o CDC no que diz respeito às relações de consumo na internet.
   d. conflita com o CDC no que diz respeito às relações de consumo na internet.
   e. Nenhuma das alternativas anteriores está correta.

5) A respeito do comércio eletrônico, é correto afirmar que:
   a. não possui legislação específica no Brasil.
   b. o CDC é a única regulamentação que protege os consumidores no comércio eletrônico.
   c. o Decreto n. 7.962/2013 veio para reforçar preceitos do CDC em relação à proteção do consumidor no ambiente digital.
   d. o Decreto n. 7.962/2013 veio para substituir o CDC em relação à proteção do consumidor no ambiente digital.
   e. Nenhuma das alternativas anteriores está correta.

Questões para reflexão

1) A CF brasileira trouxe, como reflexo dos avanços da tecnologia e da sociedade, a previsão, até então inédita, da defesa do consumidor no Brasil. Analise os aspectos mais relevantes dessa visão protecionista do consumidor e seus reflexos para o amadurecimento das relações de consumo no Brasil.

2) Analise os impactos decorrentes da defesa do consumidor estar prevista como um direito básico do cidadão brasileiro na CF.

Questões para revisão

Com essas atividades, você tem a possibilidade de rever os principais conceitos analisados. Ao final do livro, o autor disponibiliza as respostas às questões, a fim de que você possa verificar como está sua aprendizagem.

Questões para reflexão

Nessa seção, a proposta é levá-lo a refletir criticamente sobre alguns assuntos e trocar ideias e experiências com seus pares.

Constituição Federal (CF)
Considerada a lei máxima do Brasil, a CF orienta todas as demais leis, configurando-se como balizador fundamental para todos os estudos legislativos. Mostra-se especialmente importante para os estudos do Direito do Consumidor, pois foi a CF a que determinou a defesa do consumidor como um direito básico dos cidadãos brasileiros.

Código Civil
O Código Civil brasileiro possui importantes interligações com o Código de Defesa do Consumidor (CDC). Como vimos nesta obra, em casos de aparentes conflitos, há que se fazer o diálogo entre as fontes, buscando sempre a harmonização destas e a efetiva proteção do cidadão consumidor.

Código de Defesa do Consumidor (CDC)
Com vistas a proteger o cidadão em sua posição de consumidor, a CF ordenou a criação de uma lei específica, fazendo assim surgir o CDC. Este, conforme estudamos, apresenta as condições para que haja o desejado equilíbrio nas relações de consumo no Brasil.

Código Brasileiro de Autorregulamentação Publicitária
Embora a regulamentação da publicidade no Brasil seja estatal, o mercado publicitário (anunciantes, veículos de comunicação e agências de publicidade e propaganda) criou um conselho para autorregular a atividade publicitária no Brasil, nascendo assim o Conar. Para dar efetividade à missão autorregulamentadora, foi publicado o Código Brasileiro de Autorregulamentação Publicitária, no qual estão detalhadas as normas relativas à publicidade, com vistas a proteger o consumidor.

Estatuto de Defesa do Torcedor (EDT)
Responde à evolução da sociedade, bem como às novas demandas das relações de consumo, foi criado o EDT, que complementa o CDC no que diz respeito à proteção dos consumidores de eventos esportivos no Brasil.

Decreto do Comércio Eletrônico
Em razão das novas relações de consumo nos meios digitais, a legislação brasileira precisou de uma atualização específica, fazendo nascer, em 2013, um decreto que determina condições específicas para o comércio eletrônico. Esse dispositivo legal reforça preceitos do CDC e explicita as obrigações relativas ao comércio na internet.

Consultando a legislação

Você pode verificar aqui a relação das leis consultadas pelo autor para examinar os assuntos enfocados no livro.

I

Noções de direito

Conteúdos do capítulo

» Conceito de *direito*.
» Fontes do direito.
» Ramos do direito

Após o estudo deste capítulo, você será capaz de:

1. compreender o conceito de *direito*;
2. entender as origens das leis;
3. identificar os ramos do direito.

Trataremos, neste capítulo, de noções essenciais do direito, em suas áreas mais basais, de modo a facilitar a compreensão de sua relevância na sociedade contemporânea. Primeiramente, queremos ressaltar o sentido etimológico do termo **direito**, que é originado do latim *directum*, que significa "direto, reto, correto". Normalmente confundido com a palavra *lei*, o direito é, na verdade, um conjunto de leis. A partir dessa formulação, poderemos compreender melhor de que trata essa área do conhecimento.

1.1 Conceitos

Para uma melhor compreensão do que é o *direito*, observamos, primeiramente, que a vida em sociedade exige, a fim de que haja equilíbrio e harmonia, o estabelecimento de determinadas **normas** que orientem a conduta dos indivíduos, definindo aquilo que deve ou não ser feito, bem como a previsão de punições em caso de descumprimento dessa normas.

Para podermos assimilar o conceito de *direito*, é fundamental entendermos, primeiro, a finalidade deste. Para Kant, conforme assevera Cristóvam (2011),

> *a finalidade última do Direito é a liberdade externa.*
>
> *Os homens se reuniram em sociedade e constituíram o Estado para garantir a liberdade, o exercício do arbítrio segundo uma lei universal. O Direito não tem por fim último a igualdade ou a segurança, mas sim a liberdade, liberdade esta garantida a todos os seres dotados de razão, o que enseja um postulado igualitário e inspira segurança, uma vez que a liberdade de um deve estar de acordo com a liberdade de todos os outros, segundo uma lei universal.*

Embora possamos analisar o conceito de *direito* sob várias óticas (da Filosofia, da Sociologia etc.), de modo geral, pode-se dizer que se trata do conjunto de **normas e regras** que regem a vida em determinada sociedade, visando ao bem comum e prevendo **sanções** em casos de descumprimento.

1.2 Fontes do direito

É importante salientar que existem, basicamente, duas categorias de direito: o natural e o positivo. O **direito natural** é o conjunto de normas que derivam da natureza; está relacionado à ideia abstrata de direito e corresponde ao sentimento de justiça da sociedade. O **direito positivo**, por sua vez, associa-se ao conjunto de regras criadas pelos homens em determinada sociedade.

As **fontes do direito** são fundamentais para a construção do direito positivo, pois são os meios pelos quais as regras jurídicas se formam. Tais fontes podem ser classificadas em formais (ou diretas) ou informais (ou indiretas). As **formais** são compostas pela lei, que é a norma editada pelo legislador, e pelo costume, que é a utilização de forma reiterada e constante de determinada conduta, o que gera a convicção de esta ser correta. As **informais** são constituídas pela doutrina e pela jurisprudência. A doutrina é a interpretação da lei realizada pelos estudiosos da matéria, normalmente por meio de monografias, dissertações, teses, aulas e pareceres. A jurisprudência, por sua vez, é a interpretação da lei mediante a predominância e constância de decisões judiciais sobre casos semelhantes.

1.3 Ramos do direito

Conforme vimos anteriormente, o direito pode ser natural ou positivo, mas apenas o direito positivo é regulamentado, daí a necessidade de dividi-lo em áreas, conforme observamos no quadro a seguir.

Quadro 1.1 – Ramificações do direito positivo

Direito positivo			
	Público	Interno	Direito Constitucional Direito Administrativo Direito Tributário Direito Processual Direito Penal Direito Eleitoral Direito Militar
		Externo	Direito Internacional Público
	Privado	Interno	Direito Civil Direito Comercial
	Difuso	Interno	Direito do Trabalho Direito Previdenciário Direito Econômico Direito do Consumidor Direito Ambiental
		Externo	Direito Internacional Privado

Verificamos, diante do exposto, que o Direito do Consumidor constitui-se de direito difuso interno, o que vamos analisar com profundidade nas próximas páginas. Entretanto, para que você possa melhor compreendê-lo, ressaltaremos, inicialmente, o conceito de **direito difuso**. Conforme ensina Nunes (2011),

> *Os chamados direitos difusos são aqueles cujos titulares não são determináveis. Isto é, os detentores do direito subjetivo que se pretende regrar e proteger são indeterminados e indetermináveis.*
>
> *Isso não quer dizer que alguma pessoa em particular não esteja sofrendo a ameaça ou o dano concretamente falando, mas apenas e tão somente que se trata de uma espécie de direito que, apesar de atingir alguém em particular, merece especial guarida porque atinge simultaneamente a todos.*

Notamos, pois, que a proteção do indivíduo-consumidor, em razão da existência do direito coletivo, é essencial à sociedade de consumo, na qual a oferta e a publicidade de produtos e serviços assumem papel de grande força influenciadora de decisões.

Tomemos como exemplo uma campanha publicitária que se utiliza de *outdoors* cujo conteúdo venha a ser entendido como publicidade enganosa ou abusiva. Toda a coletividade de pessoas expostas a essa propaganda, mesmo que sejam indetermináveis, pode ser considerada um grupo de "consumidores protegidos" em razão do direito difuso; ou seja, quem passa na rua e observa os *outdoors* também é considerado *consumidor*, estando protegido pela lei.

Síntese

Neste capítulo, apresentamos o conceito de direito e demonstramos sua importância para a sociedade. Identificamos as fontes do direito e as origens das regras jurídicas, bem como os ramos do direito positivo. Abordamos, ainda, os principais fundamentos para uma melhor compreensão das questões jurídicas que são essenciais para o entendimento do Direito do Consumidor e da legislação aplicada a esse ramo do direito.

Questões para revisão

1) Assinale a alternativa correta:
    a. *Direito* pode ser considerado sinônimo de *lei*.
    b. Para Kant, o direito tem como finalidade a igualdade e a segurança.
    c. O direito positivo é um conjunto de normas que derivam da natureza.

d. As fontes formais são compostas pela lei, que é uma norma editada pelo legislador, e pelo costume, que é a utilização de forma reiterada e constante de determinada conduta que gera a convicção de esta ser correta.
e. As fontes do direito não influenciam a construção do direito positivo.

2) De acordo com Kant, qual é a finalidade do *direito*?

3) Qual a importância do direito para a sociedade?

4) Direitos difusos são:
a. aqueles cujos titulares são determináveis.
b. aqueles cujos titulares não são determináveis.
c. aqueles cujos titulares são determinados.
d. quaisquer tipos de direitos a quaisquer titulares.
e. Nenhuma das alternativas anteriores está correta.

5) São áreas do direito difuso interno:
a. Direito Internacional Privado.
b. Direito Tributário.
c. Direito do Consumidor.
d. Direito Penal.
e. Direito Constitucional.

Questões para reflexão

1) O direito, como visto neste capítulo, é importante para a vida em sociedade. Em dupla, reflita e liste as características de uma sociedade hipotética em que o direito não existisse.

2) O direito é formado por fontes formais e informais. Cite exemplos de fontes que colaboram para a construção do direito.

II

Direito do Consumidor

Conteúdos do capítulo

» Histórico da defesa do consumidor no Brasil.
» Código de Defesa do Consumidor (CDC).
» Princípios das relações de consumo.

Após o estudo deste capítulo, você será capaz de:

1. conhecer a história da defesa do consumidor no Brasil;
2. entender o que é o CDC;
3. identificar uma relação jurídica de consumo;
4. compreender os princípios das relações de consumo.

Neste capítulo e nos próximos, trataremos dos mais diversos aspectos pertinentes ao Direito do Consumidor, iniciando por um histórico dessa área no Brasil e avançando para outros aspectos essenciais à compreensão do tema.

2.1 Histórico da defesa do consumidor no Brasil

A defesa do consumidor no Brasil acompanha, como em todo o mundo, a evolução tecnológica e econômica. A Revolução Industrial e o início da produção em massa, no início do século XX, impulsionaram de maneira significativa a necessidade de regulação especial das relações de consumo.

Vale ressaltar que a **Constituição Federal** (CF), de 5 de outubro de 1988 (Brasil, 1988a), é um marco na defesa do consumidor brasileiro. Antes dela, o direito brasileiro não apresentava nenhuma previsão explícita no sentido de proteção consumerista; até então, o foco estava voltado para as relações comerciais, com base nos Códigos Civil e Comercial. A CF trouxe inovações legislativas que refletiam as transformações da sociedade e do mercado. Conforme observa Efing (2004, p. 26),

> *a inclusão de matéria atinente à proteção do consumidor na Constituição coaduna-se com a função do Estado em intervir em situações de desigualdade e desequilíbrio social que não poderiam ser satisfatoriamente acomodadas ou corrigidas com o uso de instrumentos meramente políticos ou econômicos.*

A CF traz, no art. 5º, inciso XXXII, entre os direitos e deveres individuais e coletivos, a previsão de que "o Estado promoverá, na forma de lei, a defesa do consumidor" (Brasil, 1988a). Reforçando esse objetivo, o art. 170 descreve a defesa do consumidor como princípio geral da ordem econômica.

Assim, a partir da Constituição de 1988, a defesa do consumidor passou a ter *status* de princípio constitucional, alcançando o mesmo nível hierárquico dos demais. Nesse sentido, Grau (2000, p. 262) observa que se trata de um *princípio constitucional impositivo, a cumprir dupla função, como instrumento para a realização do fim de assegurar a todos existência digna e objetivo particular a ser alcançado. No último sentido assume a função de diretriz, norma-objetivo, dotada de caráter constitucional conformador, justificando a reivindicação pela realização de políticas públicas.*

Dessa forma, percebemos que a atual Constituição brasileira procura deixar claro que é necessário proteger o consumidor, o que não é comum em textos constitucionais. Entretanto, de nada adiantaria essa defesa estar prevista na Carta Magna se na prática não pudesse ser efetivamente aplicada. É nesse sentido que o legislador constituinte determinou, no Ato das Disposições Constitucionais Transitórias (ADCT), em seu art. 48, a elaboração de um Código de Defesa do Consumidor (CDC): "O Congresso Nacional, dentro de cento e vinte dias da promulgação da Constituição, elaborará código de defesa do consumidor" (Brasil, 1988b).

Portanto, o CDC nasceu de um ordenamento constitucional e sua origem está na CF, constituindo-se reflexo das transformações tecnológicas, econômicas e sociais do século XX e resultado da vontade do legislador, representante do povo.

2.2 Código de Defesa do Consumidor (CDC)

A edição da Lei n. 8.078, em 11 de setembro de 1990, conhecida como **Código de Defesa do Consumidor** – CDC (Brasil, 1990) foi um importantíssimo momento na história da proteção do consumidor no Brasil. Conforme atesta Nunes (2012, p. 115), *é preciso que se estabeleça claramente o fato de o CDC ter vida própria, tendo sido criado como subsistema autônomo e vigente dentro do sistema constitucional brasileiro.*

Além disso, os vários princípios constitucionais que o embasam são elementos vitais ao entendimento de seus ditames.

Assim, para interpretarmos adequadamente o CDC, devemos considerar as já citadas transformações da sociedade, segundo assinala Nunes (2012, p. 117):

> *Assim, consigne-se que, para interpretar adequadamente o CDC, é preciso ter em mente que as relações jurídicas estabelecidas são atreladas ao sistema de produção massificado, o que faz com que se deva privilegiar o coletivo e o difuso, bem como que se leve em consideração que as relações jurídicas são fixadas de antemão e unilateralmente por uma das partes – o fornecedor – vinculando de uma só vez milhares de consumidores. Há um claro rompimento com o direito privado tradicional.*

O CDC surgiu, portanto, para regular toda relação que possa ser caracterizada como *de consumo*. É mister, então, que se esclareçam, juridicamente e à luz da legislação vigente, quais são essas relações. É o que abordaremos a seguir.

2.3 Conceitos básicos das relações de consumo

Fazendo uma análise do texto legal, denotamos que uma relação jurídica de consumo deve conter como agentes um **consumidor** e um **fornecedor** e, entre eles, como objeto de transação, um **produto** ou um **serviço**. Como bem demonstra Efing (2004, p. 46),

> não resta qualquer dúvida de que a importância do reconhecimento da existência ou não de uma relação de consumo reside na possibilidade de serem aplicadas as normas determinadas pelo CDC; caso contrário – não sendo detectada a relação de consumo – estaremos diante de uma relação comercial, civil, concorrencial etc., passível de regramento por outros textos legais que não o CDC.

É importante, pois, conhecermos as partes características da relação consumerista, tomando a Lei n. 8.078/1990 – o CDC – como base para as análises.

Consumidor

O art. 2º do CDC traz a primeira definição de *consumidor* que pode ser extraída da lei: "Consumidor é toda pessoa física ou jurídica que adquire ou utiliza produto ou serviço como destinatário final" (Brasil, 1990).

Esse, entretanto, não é o único conceito trazido pelo Código; podemos perceber no texto a seguir o segundo conceito de *consumidor* do CDC: "Parágrafo único. Equipara-se a consumidor a coletividade de pessoas, ainda que indetermináveis, que haja intervindo nas relações de consumo" (Brasil, 1990).

Nesse ponto, é importante ressaltarmos que há duas correntes doutrinárias divergentes no que diz respeito à extensão da aplicabilidade do CDC no Brasil: as correntes finalista e maximalista. Conforme assinala Marques (1995, p. 67):

> *para os finalistas, pioneiros do consumerismo, a definição de consumidor é o pilar que sustenta a tutela especial, agora concedida aos consumidores. Esta tutela só existe porque o consumidor é a parte vulnerável das relações contratuais no mercado, como afirma o próprio CDC no art. 4º, inciso I. Logo, convém delimitar claramente*

> *quem merece esta tutela e quem dela não necessita, quem é consumidor e quem não é.*

Nesse sentido, a corrente **finalista**, interpreta a expressão *destinatário final* de forma restrita, limitando a figura do consumidor apenas àquele que adquire ou utiliza um produto para seu uso. A corrente **maximalista**, por sua vez, percebe a conceituação de *consumidor* – e, consequentemente, a aplicação da tutela especial – da maneira mais extensiva possível, para que suas normas possam ser aplicadas de modo mais amplo pela sociedade.

O CDC apresenta, ainda, um terceiro conceito de *consumidor*, que pode ser extraído do art. 17: "Para os efeitos desta Seção, equiparam-se aos consumidores todas as vítimas do evento" (Brasil, 1990). Situado na Seção II, Da Responsabilidade pelo Fato do Produto e do Serviço, tal artigo destaca que está equiparada a consumidor toda vítima de acidente de consumo, independentemente do fato de ser o destinatário final ou não.

Como exemplo, podemos citar o caso de um consumidor que adquire, em um restaurante, uma garrafa de refrigerante para seu consumo (destinatário final). Ocorre que, quando o garçom se aproxima da mesa, a garrafa se rompe (estoura), por defeito de fabricação, e os cacos de vidro atingem uma pessoa da mesa ao lado. Essa pessoa (vítima do evento), mesmo não tendo adquirido o produto, está protegida pelo CDC – sendo assim, é equiparada a consumidor e pode lançar mão de sua tutela especial.

Por fim, o art. 29 do CDC apresenta o quarto conceito de *consumidor*: "Para os fins deste Capítulo e do seguinte, equiparam-se aos consumidores todas as pessoas determináveis ou não, expostas às práticas nele previstas" (Brasil, 1990). Esse artigo inicia o Capítulo V, que trata: a) da oferta; b) da publicidade; c) das práticas abusivas; d) da cobrança de dívidas; e) dos bancos de dados e cadastros de consumidores. O art. 29, portanto, abrange de maneira significativa o conceito de *consumidor*.

O Capítulo VI, por sua vez, trata da proteção contratual. Considera-se *consumidor* todo indivíduo exposto à oferta, à publicidade, às práticas abusivas, à cobrança de dívidas, aos bancos de dados e cadastros de consumidores e à proteção contratual.

Todas as pessoas estão, em algum momento, expostas às práticas comerciais. Vale dizer que basta alguém ver um *outdoor* na rua ou um comercial de televisão que já é considerado consumidor. Nesse sentido, Nunes (2012, p. 134) assevera que,

> *se um fornecedor faz publicidade enganosa e se ninguém jamais reclama concretamente contra ela, ainda assim isso não significa que o anúncio não é enganoso, nem que não se possa – por exemplo, o Ministério Público – ir contra ele. O órgão de defesa do consumidor, agindo na legitimidade conferida pelos artigos 81 e seguintes do CDC, pode tomar toda e qualquer medida judicial que entender necessária para impedir a continuidade da transmissão do anúncio enganoso, para punir o anunciante etc., independentemente do aparecimento real de um consumidor contrariado.*

O autor ainda complementa, ressaltando que "trata-se, portanto, praticamente de uma espécie de conceito difuso de *consumidor*, tendo em vista que desde já e desde sempre todas as pessoas são consumidoras por estarem potencialmente expostas a toda e qualquer prática comercial" (Nunes, 2012, p. 134).

▮ Fornecedor

No art. 3º do CDC, podemos notar que o legislador proporcionou máxima abrangência ao conceito de *fornecedor* e não fez qualquer exclusão em relação a pessoas jurídicas – e privadas, nacionais e estrangeiras, fundações, autarquias, entre outras.

> Art. 3º Fornecedor é toda pessoa física ou jurídica, pública ou privada, nacional ou estrangeira, bem como os entes despersonalizados, que desenvolvem atividade de produção, montagem, criação, construção, transformação, importação, exportação, distribuição ou comercialização de produtos ou prestação de serviços. (Brasil, 1990)

■ Produto

O parágrafo 1º do art. 3º do CDC traz, objetivamente, o conceito de *produto*: "Produto é qualquer bem, móvel ou imóvel, material ou imaterial" (Brasil, 1990). Isso envolve, de modo claro, móveis (carros, canetas etc.) e imóveis (apartamento, casa etc.). Também estão englobados aqui os bens materiais (que podem ser tocados, como um computador ou uma cadeira) e os imateriais (que não podem ser tocados, como os produtos bancários, a exemplo de aplicação de renda fixa).

■ Serviço

O CDC traz a definição de *serviço* no parágrafo 2º do art. 3º: "Serviço é qualquer atividade fornecida no mercado de consumo, mediante remuneração, inclusive as de natureza bancária, financeira, de crédito e securitária, salvo as decorrentes das relações de caráter trabalhista" (Brasil, 1990).

Assim como em relação ao produto, a lei buscou um conceito abrangente, segundo o qual *serviço* é qualquer atividade fornecida – dando ênfase à inclusão dos serviços bancários e securitários que por muito tempo foram matéria de grande discussão nos tribunais brasileiros. Ficam excluídos tão somente os serviços prestados em relações trabalhistas, para os quais é aplicada a Consolidação das Leis do Trabalho (CLT) – Lei 5.452, de 1º de maio de 1943 (Brasil, 1943) –, e não o CDC.

2.4 Princípios das relações de consumo

Estando configurada a relação de consumo, mediante a presença dos pressupostos analisados no item anterior, é preciso estudar os **princípios norteadores** dessas relações sob o ponto de vista da legislação. Eles estão elencados no art. 4º do CDC:

> Art. 4º A Política Nacional das Relações de Consumo tem por objetivo o atendimento das necessidades dos consumidores, o respeito à sua dignidade, saúde e segurança, a proteção de seus interesses econômicos, a melhoria da sua qualidade de vida, bem como a transparência e harmonia das relações de consumo, atendidos os seguintes princípios:
> I – reconhecimento da vulnerabilidade do consumidor no mercado de consumo;
> II – ação governamental no sentido de proteger efetivamente o consumidor:
> a) por iniciativa direta;
> b) por incentivos à criação e desenvolvimento de associações representativas;
> c) pela presença do Estado no mercado de consumo;
> d) pela garantia dos produtos e serviços com padrões adequados de qualidade, segurança, durabilidade e desempenho;

> III – harmonização dos interesses dos participantes das relações de consumo e compatibilização da proteção do consumidor com a necessidade de desenvolvimento econômico e tecnológico, de modo a viabilizar os princípios nos quais se funda a ordem econômica (art. 170 da Constituição Federal), sempre com base na boa-fé e equilíbrio nas relações entre consumidores e fornecedores;
>
> IV – educação e informação de fornecedores e consumidores, quanto aos seus direitos e deveres, com vistas à melhoria do mercado de consumo;
>
> V – incentivo à criação pelos fornecedores de meios eficientes de controle de qualidade e segurança de produtos e serviços, assim como de mecanismos alternativos de solução de conflitos de consumo;
>
> VI – coibição e repressão eficientes de todos os abusos praticados no mercado de consumo, inclusive a concorrência desleal e utilização indevida de inventos e criações industriais das marcas e nomes comerciais e signos distintivos, que possam causar prejuízos aos consumidores;
>
> VII – racionalização e melhoria dos serviços públicos;
>
> VIII – estudo constante das modificações do mercado de consumo. (Brasil, 1990)

Esses pontos, em sintonia com outros aspectos dispostos no texto do código, apresentam alguns princípios norteadores que merecem especial destaque, que expomos a seguir.

■ Informação

A informação é um dos princípios fundamentais das relações de consumo no Brasil. Trata-se de item previsto no inciso IV do art. 4º, reproduzido anteriormente, e também no art. 6º, sempre como um direito básico do consumidor: deve haver "informação adequada e clara sobre os diferentes produtos e serviços, com especificação correta de quantidade, características, composição, qualidade e preço, bem como sobre os riscos que apresentem" (Brasil, 1990).

O dever de informar está intimamente ligado à transparência e à honestidade preconizadas pelo legislador, razão por que é necessário que seja cumprido em todas as relações de consumo. Efing (2004, p. 106) ressalta que o princípio de informação

> *pode ser considerado a mais importante baliza norteadora das regras inerentes à Política Nacional de Relações de Consumo, devido à sua importância e grande abrangência no sistema de defesa do consumidor. A educação caminha junto com a informação, e estas almejam a efetiva proteção e defesa do consumidor. Desta forma, quanto mais desenvolvido o sistema educacional, maior a possibilidade de se concretizar o fim pretendido por estes institutos. À medida que a sociedade de consumo passa a ser informada, suas chances de defesa e obtenção de tutela aumentam em proporção igual ou superior.*

Vale lembrarmos, ainda, que a informação aparece como importante elemento em outros capítulos do CDC, em especial no que diz respeito à oferta e à publicidade.

■ Vulnerabilidade

Conforme vimos, o CDC reconhece, no inciso I do art. 4º, que o consumidor é vulnerável. Isso significa que ele ocupa a posição mais fraca, frágil, nas relações de consumo.

Conforme observa Nunes (2011), essa fragilidade decorre de dois aspectos: um de ordem técnica e outro de cunho econômico. A **questão técnica** diz respeito aos meios de produção, dos quais o fornecedor é detentor de todo o conhecimento; o **aspecto econômico**, por sua vez, refere-se à capacidade econômica do fornecedor, que é, via de regra, maior do que a do consumidor.

A importância desse princípio se traduz na criação de políticas públicas que visem ao equilíbrio das relações consumeristas, de modo a colocar consumidores e fornecedores em um mesmo patamar.

▪ Boa-fé

A boa-fé é um princípio estampado no art. 4º, inciso III, do CDC e constitui um dos preceitos que norteiam a conduta em sociedade, tendo sido normatizada pelo legislador. Ela ainda aparece em outros momentos do CDC, a exemplo do art. 51, que trata das cláusulas abusivas no inciso IV, que seriam aquelas que estabelecem "obrigações consideradas iníquas, abusivas, que coloquem o consumidor em desvantagem exagerada, ou sejam incompatíveis com a boa-fé ou a equidade" (Brasil, 1990).

Dessa forma, notamos que o espírito da legislação é positivar uma conduta de lealdade entre os agentes das relações de consumo, valorizando o equilíbrio e a boa-fé independentemente de uma verificação da existência de má-fé subjetiva – ou seja, a regra é a boa-fé.

2.5 Direitos básicos do consumidor

Os princípios elencados no art. 4º do CDC estão refletidos no art. 6º, que estabelece os direitos básicos do consumidor. O inciso I prevê como direitos básicos do consumidor a **proteção da vida, da saúde e da segurança** contra os riscos provocados por práticas no fornecimento de produtos e serviços considerados perigosos ou nocivos. Vale dizer que devem ser tomadas todas as medidas que possam proteger o consumidor dos riscos de quaisquer produtos ou serviços oferecidos no mercado.

O inciso II estampa como direitos do consumidor a **educação** e a divulgação sobre o **consumo adequado** dos produtos e serviços, asseguradas a liberdade de escolha e a igualdade nas contratações. Esse dispositivo visa reforçar a necessidade da educação e da informação dos consumidores, o que possibilita maior equilíbrio entre as partes.

O inciso III estabelece como direitos básicos do consumidor "a **informação** adequada e clara sobre os diferentes produtos e serviços, com especificação correta de quantidade, características, composição, qualidade, tributos incidentes e preço, bem como sobre os riscos que apresentem" (Brasil, 1990, grifo nosso) . O texto deixa claro, mais uma vez, o desejo do legislador de reforçar a importância da informação e da apresentação verdadeira das características de produtos e serviços.

O inciso IV, por sua vez, aponta como direitos básicos "a **proteção** contra a publicidade enganosa e abusiva, métodos comerciais coercitivos ou desleais, bem como contra práticas e cláusulas abusivas ou impostas no fornecimento de produtos e serviços" (Brasil, 1990, grifo nosso). Esses direitos serão reforçados, ainda, nas seções II e III do Capítulo V, especialmente no que diz respeito à proibição da publicidade enganosa e da publicidade abusiva.

O inciso V do art. 6º do CDC prevê, como direito do consumidor, "a **modificação das cláusulas contratuais** que estabeleçam prestações desproporcionais ou sua revisão em razão de fatos supervenientes que as tornem excessivamente onerosas" (Brasil, 1990, grifo nosso). Esse tópico representa, uma vez mais, a busca pelo equilíbrio nas relações de consumo, ao proibir abusos por parte de fornecedores.

O inciso VI estabelece "a efetiva **prevenção e reparação de danos** patrimoniais e morais, individuais, coletivos e difusos" (Brasil, 1990, grifo nosso). Esse preceito tem o objetivo de evitar (prevenir) danos e também, caso eles ocorram, de promover reparação, tanto sob o aspecto patrimonial quanto moral. Caracteriza-se, pois, o caráter preventivo da lei consumerista, tendo em vista que ela não se preocupa apenas com a reparação.

O inciso VII prevê "o **acesso aos órgãos judiciários e administrativos** com vistas à prevenção ou reparação de danos patrimoniais e morais, individuais, coletivos ou difusos, assegurada a proteção jurídica, administrativa e técnica aos necessitados" (Brasil, 1990, grifo nosso). Vale dizer, portanto, que é direito básico do consumidor o acesso ao sistema judiciário, sempre que necessário.

O inciso VIII, por sua vez, indica como direito básico dos consumidores "a facilitação da defesa de seus direitos, inclusive com a **inversão do ônus da prova**, a seu favor, no processo civil, quando, a critério do juiz, for verossímil a alegação ou quando for ele hipossuficiente, segundo as regras ordinárias de experiências" (Brasil, 1990, grifo nosso).

Por fim, o inciso X determina como direito básico "a adequada e eficaz **prestação dos serviços públicos** em geral" (Brasil, 1990, grifo nosso). Isso significa que o Poder Público, como fornecedor de produtos e prestador de serviços, deve, também, obedecer aos preceitos de eficiência e qualidade a que todos os demais fornecedores estão sujeitos.

2.6 Qualidade e segurança de produtos e serviços

A garantia da qualidade dos produtos e serviços oferecidos no mercado de consumo é uma das maiores preocupações do legislador. Assim, o CDC descreve os principais parâmetros que devem nortear as relações de consumo nesse sentido, bem como as sanções em casos de descumprimento por parte dos fornecedores.

Considerações preliminares: vício, defeito e fato

O CDC, no Capítulo IV, descreve os parâmetros referentes à qualidade e à segurança de produtos e serviços, bem como à prevenção e à reparação de danos. O art. 8º, *caput*, dispõe:

> Art. 8º Os produtos e serviços colocados no mercado de consumo não acarretarão riscos à saúde ou segurança dos consumidores, exceto os considerados normais e previsíveis em decorrência de sua natureza e fruição, obrigando-se os fornecedores, em qualquer hipótese, a dar as informações necessárias e adequadas a seu respeito. (Brasil, 1990)

A regra geral, portanto, é que nenhum produto ou serviço acarrete **riscos aos consumidores**. A exceção refere-se aos riscos "normais e previsíveis" inerentes a alguns deles. Da cuidadosa análise do artigo, notamos a necessidade de identificação e delimitação do que venha a ser esse risco "normal e previsível" a que se refere o legislador. Nunes (2011), nesse sentido, lembra que alguns produtos, como um liquidificador, apresentam riscos na sua utilização. Colocar a mão no copo com o aparelho em funcionamento certamente causará danos ao consumidor – a expressão "certamente", todavia, denota algum conhecimento prévio sobre a periculosidade do equipamento, uma vez que é possível que existam consumidores que ainda desconheçam tais riscos. Para reforçar a segurança dos consumidores, o legislador finaliza o art. 8º do CDC fazendo menção à obrigação, em qualquer hipótese, de o fornecedor dar as informações necessárias e adequadas a respeito da utilização e dos riscos de todos os produtos e serviços.

Concluímos, então, que existe um "conhecimento-padrão" dos consumidores a respeito da utilização de determinados produtos, como facas e automóveis, que dispensam certas informações detalhadas sobre riscos provenientes de sua má utilização. Ocorrendo danos nesses casos, a culpa* é exclusivamente do consumidor. O art. 9º, portanto, dispõe que "o fornecedor de produtos e serviços potencialmente nocivos ou perigosos à saúde ou segurança deverá informar, de maneira ostensiva e adequada, a respeito da sua nocividade ou periculosidade, sem prejuízo da adoção de outras medidas cabíveis em cada caso concreto" (Brasil, 1990).

Mais uma vez, surge a necessidade de delimitação do que venha a ser *nocividade* e *periculosidade*, posto que, da maneira disposta na norma, a averiguação ocorrerá apenas com o exame de casos concretos. Há que se destacar, ainda, que o art. 10 simplesmente proíbe a oferta de produtos e serviços com alto grau de nocividade ou periculosidade, *in verbis*:

> Art. 10. O fornecedor não poderá colocar no mercado de consumo produto ou serviço que sabe ou deveria saber apresentar alto grau de nocividade ou periculosidade à saúde ou segurança.
> § 1º O fornecedor de produtos e serviços que, posteriormente à sua introdução no mercado de consumo, tiver conhecimento da periculosidade que apresentem, deverá comunicar o fato imediatamente às autoridades competentes e aos consumidores, mediante anúncios publicitários.
> § 2º Os anúncios publicitários a que se refere o parágrafo anterior serão veiculados na imprensa, rádio e televisão, às expensas do fornecedor do produto ou serviço.
> § 3º Sempre que tiverem conhecimento de periculosidade de produtos ou serviços à saúde ou segurança dos consumidores, a União, os Estados, o Distrito Federal e os Municípios deverão informá-los a respeito. (Brasil, 1990)

---

* Verifica-se a culpa quando ocorre imprudência, imperícia ou negligência por parte do autor.

Assim como *nocividade* e *periculosidade, alto grau* é um termo subjetivo, e mais uma vez a norma deixa para a análise de casos concretos a identificação, ou não, de sua existência.

O art. 12 do CDC, por sua vez, trata da responsabilidade do produto ou serviço:

> Art. 12. O fabricante, o produtor, o construtor, nacional ou estrangeiro, e o importador respondem, independentemente da existência de culpa, pela reparação dos danos causados aos consumidores por defeitos decorrentes de projeto, fabricação, construção, montagem, fórmulas, manipulação, apresentação ou acondicionamento de seus produtos, bem como por informações insuficientes ou inadequadas sobre sua utilização e riscos. (Brasil, 1990)

Já o art. 18 discorre sobre a responsabilidade sobre o vício de produtos e serviços:

> Art. 18. Os fornecedores de produtos de consumo duráveis ou não duráveis respondem solidariamente pelos vícios de qualidade ou quantidade que os tornem impróprios ou inadequados ao consumo a que se destinam ou lhes diminuam o valor, assim como por aqueles decorrentes da disparidade, com as indicações constantes do recipiente, da embalagem, rotulagem ou mensagem publicitária, respeitadas as variações decorrentes de sua natureza, podendo o consumidor exigir a substituição das partes viciadas.
> § 1º Não sendo o vício sanado no prazo máximo de trinta dias, pode o consumidor exigir, alternativamente e à sua escolha:
> I – a substituição do produto por outro da mesma espécie, em perfeitas condições de uso;
> II – a restituição imediata da quantia paga, monetariamente atualizada, sem prejuízo de eventuais perdas e danos;
> III – o abatimento proporcional do preço.

> § 2º Poderão as partes convencionar a redução ou ampliação do prazo previsto no parágrafo anterior, não podendo ser inferior a sete nem superior a cento e oitenta dias. Nos contratos de adesão, a cláusula de prazo deverá ser convencionada em separado, por meio de manifestação expressa do consumidor.
> § 3º O consumidor poderá fazer uso imediato das alternativas do § 1º deste artigo sempre que, em razão da extensão do vício, a substituição das partes viciadas puder comprometer a qualidade ou características do produto, diminuir-lhe o valor ou se tratar de produto essencial.
> § 4º Tendo o consumidor optado pela alternativa do inciso I do § 1º deste artigo, e não sendo possível a substituição do bem, poderá haver substituição por outro de espécie, marca ou modelo diversos, mediante complementação ou restituição de eventual diferença de preço, sem prejuízo do disposto nos incisos II e III do § 1º deste artigo.
> § 5º No caso de fornecimento de produtos in natura, será responsável perante o consumidor o fornecedor imediato, exceto quando identificado claramente seu produtor.
> § 6º São impróprios ao uso e consumo:
> I – os produtos cujos prazos de validade estejam vencidos;
> II – os produtos deteriorados, alterados, adulterados, avariados, falsificados, corrompidos, fraudados, nocivos à vida ou à saúde, perigosos ou, ainda, aqueles em desacordo com as normas regulamentares de fabricação, distribuição ou apresentação;
> III – os produtos que, por qualquer motivo, se revelem inadequados ao fim a que se destinam. (Brasil, 1990)

Torna-se necessário, neste momento, fazer a análise dos conceitos de *fato do produto* e *fato do serviço*, conforme segue.

■ Fato do produto

O fato do produto, embora não seja explicitamente conceituado pela lei consumerista, pode ser definido, segundo Marins (1995, p. 83), como

> *a manifestação danosa dos defeitos juridicamente relevantes que podem ser de criação, produção ou informação (defeito), atingindo (nexo causal) a incolumidade patrimonial, física ou psíquica do consumidor (dano), ensejando a responsabilização delitual, extracontratual, do fornecedor, independentemente da apuração de culpa (responsabilidade objetiva).*

Os defeitos "juridicamente relevantes" estão expostos no art. 12, quais sejam: aqueles decorrentes de projeto, fabricação, construção, montagem, fórmulas, manipulação, apresentação ou acondicionamento. Vale dizer, pois, que tais defeitos caracterizam o chamado *fato do produto.*

■ Fato do serviço

O fato do serviço, por sua vez, fica caracterizado, de acordo com Efing (2004), nas situações em que determinado serviço não oferece a segurança que os consumidores dele poderiam esperar em razão da existência de resultado e risco inesperados. Ele está disposto no art. 14 do CDC:

> Art. 14. O fornecedor de serviços responde, independentemente da existência de culpa, pela reparação dos danos causados aos consumidores por defeitos relativos à prestação dos serviços, bem como por informações insuficientes ou inadequadas sobre sua fruição e riscos.

> § 1º O serviço é defeituoso quando não fornece a segurança que o consumidor dele pode esperar, levando-se em consideração as circunstâncias relevantes, entre as quais:
> I – o modo de seu fornecimento;
> II – o resultado e os riscos que razoavelmente dele se esperam;
> III – a época em que foi fornecido.
> § 2º O serviço não é considerado defeituoso pela adoção de novas técnicas.
> § 3º O fornecedor de serviços só não será responsabilizado quando provar:
> I – que, tendo prestado o serviço, o defeito inexiste;
> II – a culpa exclusiva do consumidor ou de terceiro.
> § 4º A responsabilidade pessoal dos profissionais liberais será apurada mediante a verificação de culpa. (Brasil, 1990)

■ Vício do produto

Os vícios de produto estão dispostos no art. 18 do CDC e podem ser divididos em aparentes ou ocultos. Os **aparentes**, ou de fácil constatação, evidenciam-se no simples ato de utilização e são facilmente identificados; os **ocultos**, por outro lado, não são facilmente identificados e só podem ser detectados após algum tempo de utilização. De acordo com o CDC, esses vícios podem ser relacionados à qualidade, quantidade ou disparidade de informações.

O vício de qualidade, à luz do art. 18 do CDC, é, resumidamente, aquele que:

» torna o produto impróprio ao consumo;
» torna o produto inadequado ao consumo;
» diminui o valor do produto;
» está em desacordo com as indicações constantes do recipiente, da embalagem, da rotulagem ou da mensagem publicitária, respeitadas as variações decorrentes de sua natureza.

■ Vício do serviço

De acordo com o art. 20 do CDC, o fornecedor de serviços também responde pelos vícios de qualidade que tornem seus seviços impróprios ao consumo ou lhes diminuam o valor, assim como por aqueles decorrentes da disparidade relativa às indicações constantes da oferta ou mensagem publicitária.

Podemos notar, aqui, que o legislador previu apenas vícios de **qualidade**, "como se não pudessem existir vícios de **quantidade** dos serviços. Mas se enganou, porque há sim vícios de quantidade de serviço" (Nunes, 2012, p. 291, grifo nosso). Para entendermos melhor o vício de quantidade de serviço, tomemos como exemplo uma escola que faz a oferta de um curso com determinada carga horária. Se a prestação do serviço não obedece ao descrito na oferta, tendo o curso menos horas-aula que o prometido, então aí se configura um vício de quantidade de serviço. A despeito dessa relevante observação, tem-se que vício de serviço constitui aquela atividade ou prestação cujo objetivo ou finalidade não são atingidos.

Para melhor elucidar a definição e a distinção entre os conceitos de *fato* e *vício* do produto ou serviço, Guglinski (2013) defende que o fato do produto ou do serviço

> é o mesmo que acidente de consumo. Haverá fato do produto ou do serviço sempre que o defeito, além de atingir a incolumidade econômica do consumidor, atinge sua incolumidade física ou psíquica. Nesse caso, haverá danos à saúde física ou psicológica do consumidor. Em outras palavras, o defeito exorbita a esfera do bem de consumo, passando a atingir o consumidor, que poderá ser o próprio adquirente do bem (consumidor padrão ou stander – art. 2º do CDC) ou terceiros atingidos pelo acidente de consumo, que, para os fins de proteção do CDC, são equiparados àquele (consumidores por equiparação bystander – art. 17 do CDC).

Como exemplos de fato do produto, Guglinski (2013) cita

> *aqueles famosos casos dos telefones celulares cujas baterias explodiam, causando queimaduras no consumidor; o automóvel cujos freios não funcionam, ocasionando um acidente e ferindo o consumidor; um ventilador cuja hélice se solta, ferindo o consumidor; um refrigerante contaminado por larvas ou um alimento estragado que venha a causar intoxicação etc.*

Guglinski (2013) também apresenta exemplos de fato do serviço: "uma dedetização cuja aplicação de veneno seja feita em dosagem acima do recomendado, causando intoxicação no consumidor; um serviço de pintura realizado com tinta tóxica, igualmente causando intoxicação; uma instalação de kit-gás em automóvel, que venha a provocar um incêndio no veículo".

A respeito do vício do produto ou serviço, o autor afirma que

> *haverá vício quando o "defeito" atingir meramente a incolumidade econômica do consumidor, causando-lhe tão somente um prejuízo patrimonial. Nessa situação, o problema é intrínseco ao bem de consumo.*
>
> **Exemplo de vício do produto:** *uma TV nova que não funciona; um automóvel 0 km cujo motor vem a fundir; um computador cujo HD não armazena os dados; um fogão novo cuja pintura descasca etc.*
>
> **Exemplo de vício do serviço:** *dedetização que não mata nem afasta insetos; película automotiva mal fixada que vem a descascar; conserto mal executado de um celular, que faz com que o aparelho não funcione etc.*
> (Guglinski, 2013, grifos do original)

Identificadas as definições de fato e vício de produtos e serviços, no próximo capítulo passaremos à análise das responsabilidades pela inadequação de produtos e prestação de serviços.

Síntese

Neste capítulo, você pôde conhecer a história da proteção do consumidor no Brasil e a origem do CDC. Estudamos também as características que compõem uma relação jurídica de consumo e que permitem a aplicação do CDC.

Questões para revisão

1) O que é *relação jurídica de consumo*?
   a. É qualquer relação de compra e venda de produtos.
   b. É qualquer relação comercial de prestação de serviços ou de venda de produtos.
   c. É uma relação que possui consumidor e fornecedor e, entre eles, um produto ou serviço.
   d. É a prestação de serviços de qualquer natureza.
   e. É uma relação de compra e venda de qualquer natureza.

2) De acordo com o CDC, qual o conceito de *fornecedor*?

3) Cite três princípios das relações de consumo.

4) Marque (V) para as alternativas verdadeiras e (F) para as falsas. De acordo com a teoria maximalista, entende(m)-se como consumidor(es):
   ( ) apenas a pessoa física que adquire um produto como destinatário final.
   ( ) as vítimas de um acidente de consumo.
   ( ) apenas as pessoas expostas às práticas da oferta.
   ( ) as pessoas expostas à publicidade.
   ( ) a empresa que adquire um produto ou serviço.

5) O vício de qualidade, à luz do art. 18 do CDC, é, resumidamente, aquele que:
   a. torna o produto impróprio ao consumo.
   b. torna o produto inadequado ao consumo.
   c. diminui o valor do produto.
   d. está em desacordo com as indicações constantes do recipiente, da embalagem, da rotulagem ou da mensagem publicitária, respeitadas as variações decorrentes de sua natureza.
   e. Todas as alternativas anteriores estão corretas.

Questões para reflexão

1) Considerando o assunto tratado neste capítulo, quais são os requisitos básicos de uma relação jurídica de consumo?

2) Como visto anteriormente, a vulnerabilidade é um dos mais importantes princípios do Direito do Consumidor. Em dupla, aponte os principais aspectos que justificam a importância da vulnerabilidade na formação principiológica do Direito do Consumidor no Brasil.

III

Conteúdos do capítulo

» Sistemas de responsabilidade.
» Garantia de produtos e serviços.

Após o estudo deste capítulo, você será capaz de:

1. compreender os diferentes sistemas de responsabilidade;
2. entender a importância da garantia de produtos e serviços e como funcionam legalmente.

Nenhum sistema jurídico estará completo se não for capaz de prever, detalhadamente, as formas de responsabilizar os agentes que descumprirem as normas legais. Assim, passaremos a analisar, a partir daqui, as formas de responsabilidade previstas nas relações de consumo no Brasil, tanto sob o ponto de vista civil quanto penal, para depois elucidarmos como funciona a garantia de produtos e serviços no país.

3.1 Responsabilidade civil

A responsabilidade pode ser entendida como um dever jurídico de recomposição de determinado dano. De acordo com Lisboa (2006, p. 22),

> *A responsabilidade constitui, assim, uma relação obrigacional cujo objeto é o ressarcimento. Não se confunde com a obrigação originária, já que ela é invariavelmente um dever jurídico sucessivo ou suplementar decorrente da violação de outra obrigação. A responsabilidade é uma obrigação* ex lege *ou* ex voluntas *constituída por um fato, que é a violação de um dever jurídico preexistente. E essa transgressão se dá pela conduta comissiva ou omissiva de um sujeito cuja atividade desenvolvida pode ser: ilícita por natureza; lícita por natureza, porém ilícita pelo resultado danoso; ou, ainda, a consequência dos danos acarretados por uma coisa ou um animal sob a guarda dele.*

Entendido o conceito geral de *responsabilidade civil*, torna-se mister analisar as vertentes desta, a saber: objetiva e subjetiva.

▪ Responsabilidade objetiva

O Código de Defesa do Consumidor (CDC) consolida a regra da responsabilidade civil sem culpa do fornecedor, com exceção de poucos casos previstos no diploma legal. Trata-se da responsabilidade objetiva, da qual **independe a análise de culpa** do fornecedor. Ela está fundada na teoria do risco, que considera a possibilidade de dano como parte da atividade econômica empresarial, imputando a obrigação da reparação mesmo que não haja configuração da culpa – por negligência, imprudência ou imperícia.

A previsão da responsabilidade objetiva aparece, por exemplo, no art. 12 do CDC, que trata da responsabilização pelo fato do produto e do serviço:

> Art. 12. O fabricante, o produtor, o construtor, nacional ou estrangeiro, e o importador respondem, **independentemente da existência de culpa**, pela reparação dos danos causados aos consumidores por defeitos decorrentes de projeto, fabricação, construção, montagem, fórmulas, manipulação, apresentação ou acondicionamento de seus produtos, bem como por informações insuficientes ou inadequadas sobre sua utilização e riscos.
> § 1º O produto é defeituoso quando não oferece a segurança que dele legitimamente se espera, levando-se em consideração as circunstâncias relevantes, entre as quais:
> I – sua apresentação;
> II – o uso e os riscos que razoavelmente dele se esperam;
> III – a época em que foi colocado em circulação.
> § 2º O produto não é considerado defeituoso pelo fato de outro de melhor qualidade ter sido colocado no mercado.
> § 3º O fabricante, o construtor, o produtor ou importador só não será responsabilizado quando provar:
> I – que não colocou o produto no mercado;
> II – que, embora haja colocado o produto no mercado, o defeito inexiste;
> III – a culpa exclusiva do consumidor ou de terceiro. (Brasil, 1990, grifo nosso)

Da mesma forma, o art. 14, ao tratar da responsabilidade dos fornecedores pelo vício de produtos e serviços, reforça a regra geral da objetividade:

> Art. 14. O fornecedor de serviços responde, **independentemente da existência de responsabilidade**, pela reparação dos danos causados aos consumidores por defeitos relativos à prestação dos serviços, bem como por informações insuficientes ou inadequadas sobre sua fruição e riscos.
> § 1º O serviço é defeituoso quando não fornece a segurança que o consumidor dele pode esperar, levando-se em consideração as circunstâncias relevantes, entre as quais:
> I – o modo de seu fornecimento;
> II – o resultado e os riscos que razoavelmente dele se esperam;
> III – a época em que foi fornecido.
> § 2º O serviço não é considerado defeituoso pela adoção de novas técnicas.
> § 3º O fornecedor de serviços só não será responsabilizado quando provar:
> I – que, tendo prestado o serviço, o defeito inexiste;
> II – a culpa exclusiva do consumidor ou de terceiro.
> § 4º A responsabilidade pessoal dos profissionais liberais será apurada mediante a verificação de culpa. (Brasil, 1990, grifo nosso)

Podemos constatar, então, da análise dos arts. 12 e 14, que o CDC prevê, como regra geral, a responsabilidade objetiva do fornecedor. Para que reste configurada a obrigação de reparação, basta comprovar o dano e o nexo de causalidade, independentemente da culpa do fornecedor.

A exceção, portanto, é a responsabilidade subjetiva, que depende da culpa e que está prevista no parágrafo 4º do art. 14, conforme expomos a seguir.

Responsabilidade subjetiva

Como visto, o CDC adotou como regra a responsabilidade objetiva. A responsabilidade subjetiva, portanto, é a exceção. O CDC dispõe expressamente no parágrafo 4º do art. 14 que a responsabilidade pessoal dos profissionais liberais será apurada mediante a **verificação de culpa**. Essa é a exceção prevista na lei, considerando que as relações contratuais dos fornecedores (profissionais liberais) possuem um caráter personalíssimo*.

Ilustrando a evolução da responsabilidade civil ao longo da história, Lisboa (2006, p. 26) faz importante observação sobre a origem da responsabilidade subjetiva no Direito Romano:

> *O sistema de responsabilidade civil vigente em Roma demonstrava-se insatisfatório porque a tarifa fixa ou invariável era muitas vezes de valor módico, e isso privilegiava o infrator, permitindo-se à clientela romana inúmeras práticas abusivas contra a plebe, inclusive a de sujeitar aquele que tivesse causado o prejuízo involuntariamente à mesma situação de quem intencionalmente houvesse gerado o dano.*
>
> *Numa tentativa de se corrigir as imperfeições existentes, um plebiscito popular originou a lex Aquilia de Damno, de 286 a.C., que finalmente introduziu a culpa como elemento da responsabilidade civil e concedeu maiores poderes ao pretor para a fixação da pena, deixando-se de lado as multas fixas.*

Mesmo com a queda do Império Romano, esse sistema de responsabilidade civil baseado na culpa continuou sendo adotado em

---

* As relações de caráter personalíssimo são aquelas relacionadas a determinada pessoa e não podem ser transferidas a outrem. Como exemplos, temos os cantores contratados para um *show* ou um palestrante contratado para um evento.

toda a Europa. Para explicar esse fato, estudiosos levam em conta questões históricas, políticas e religiosas, apontando em especial a relação direta entre a culpa jurídica e o conceito de *pecado*, essencial à Igreja Católica da época.

■ Responsabilidade solidária

Além de estabelecer como regra a responsabilidade civil objetiva, o CDC adotou, do mesmo modo, a responsabilidade solidária. Vale dizer que todos os fornecedores de produtos ou serviços que causem danos aos consumidores podem responder pela totalidade da reparação. Essa regra da solidariedade está prevista no parágrafo único do art. 7º:

> Parágrafo único. Tendo mais de um autor a ofensa, todos responderão solidariamente pela reparação dos danos previstos nas normas de consumo. (Brasil, 1990)

A regra da solidariedade é também identificada no art. 12 do CDC, que estende a todos os fornecedores a responsabilidade pelo fato do produto e serviço. Do mesmo modo, o art. 18 prevê a responsabilidade pelo vício de produtos e serviços:

> Art. 18. Os **fornecedores** de produtos de consumo duráveis ou não duráveis respondem solidariamente pelos vícios de qualidade ou quantidade que os tornem impróprios ou inadequados ao consumo a que se destinam ou lhes diminuam o valor, assim como por aqueles decorrentes da disparidade, com as indicações constantes do recipiente, da embalagem, rotulagem ou mensagem publicitária, respeitadas as variações decorrentes de sua natureza, podendo o consumidor exigir a substituição das partes viciadas. (Brasil, 1990, grifo nosso)

Destacamos, ainda, que o art. 25, parágrafo 1º, do mesmo diploma legal, determina expressamente que, "havendo mais de um responsável pela causação do dano, **todos responderão solidariamente pela reparação** prevista nesta e nas seções anteriores" (Brasil, 1990, grifo nosso). Conforme ensina o professor Efing (2004, p. 163),

> *com a adoção da solidariedade pelo legislador brasileiro ainda na parte principiológica do CDC (parágrafo único do art. 7º) e reforçado quando se trata da responsabilidade pelo fato e pelo vício do produto e do serviço, estabeleceu-se importante sistema preventivo que impõe rígido controle de qualidade e adequação dos produtos e serviços colocados no mercado de consumo brasileiro. Isto porque tal solidariedade determina aos agentes econômicos a eleição de "parceiros econômicos" adequados às normas consumeiristas, sob pena de serem envolvidos em lides de consumo e ser-lhes imposto o dever de indenizar o consumidor, permitindo somente após esta indenização, o regresso contra o agente responsável pelo dano (total ou parcialmente).*

A responsabilidade do **comerciante** prevista no art. 13 do CDC enseja cuidadosa interpretação, pois, para alguns juristas, trata-se de exceção à regra da solidariedade:

> Art. 13. O comerciante é igualmente responsável, nos termos do artigo anterior, quando:
> I – o fabricante, o construtor, o produtor ou o importador não puderem ser identificados;
> II – o produto for fornecido sem identificação clara do seu fabricante, produtor, construtor ou importador;
> III – não conservar adequadamente os produtos perecíveis.
> Parágrafo único. Aquele que efetivar o pagamento ao prejudicado poderá exercer o direito de regresso contra os demais responsáveis, segundo sua participação na causação do evento danoso. (Brasil, 1990)

Sobre esse caso, Efing (2004, p. 163) esclarece que

> *a redação do art. 13 do CDC, se não interpretada sistematicamente, pode gerar alguma confusão. Isto porque o legislador, ao dispor que o comerciante será igualmente responsável, na realidade quer dizer que, nos casos dos incisos I, II e III, o comerciante não poderá exercer o seu direito de regresso quando chamado a responder por fato do produto. Isto porque quando a origem do produto não puder ser identificada de forma clara (incisos I e II do art. 13), ou quando não conservar adequadamente os produtos perecíveis, não poderá regressar contra outro integrante da cadeia de produção e consumo.*

Concluímos, portanto, que a proteção ao consumidor é marcada no sistema de responsabilidade civil do código consumerista brasileiro, especialmente na previsão das regras de responsabilidade objetiva e solidária, que sempre vêm em defesa do consumidor.

3.2 Responsabilidade penal

No sistema de responsabilidade do fornecedor, quando há danos causados aos consumidores, ressalta-se a responsabilidade penal. A tutela penal é de grande relevância, pois dá maior efetividade à defesa do consumidor – uma vez que, ao punir penalmente os infratores, acaba por também inibir atos reprováveis pelo CDC. Assim, o Código determinou que alguns comportamentos reprováveis fossem enquadrados como **crimes contra os consumidores**, os quais estão previstos no Título II, entre as infrações penais.

São crimes contra as relações de consumo, sem prejuízo do disposto no Código Penal – Decreto-Lei n. 2.848, de 7 de dezembro de 1940 (Brasil, 1940) – e nas leis especiais, as condutas tipificadas nos arts. 63 a 80 do CDC. Nesses artigos, o Código apresenta casos que envolvem desde a oferta e a prestação de serviços e até a qualidade de produtos.

O art. 63 estabelece que "Omitir dizeres ou sinais ostensivos sobre a nocividade ou periculosidade de produtos nas embalagens, nos invólucros, recipientes ou publicidade" (Brasil, 1990) será passível de pena de detenção de seis meses a dois anos e multa. O parágrafo 1º diz que "incorrerá nas mesmas penas quem deixar de alertar, mediante recomendações escritas ostensivas, sobre a periculosidade do serviço a ser prestado" (Brasil, 1990); já o paragráfo 2º declara que, se o crime é culposo, será punido com detenção de um a seis meses ou multa.

O art. 64, por sua vez, observa que "Deixar de comunicar à autoridade competente e aos consumidores a nocividade ou periculosidade de produtos cujo conhecimento seja posterior à sua colocação no mercado" (Brasil, 1990) sujeita o infrator a pena de detenção de seis meses a dois anos e multa. O parágrafo único diz que "Incorrerá nas mesmas penas quem deixar de retirar do mercado, imediatamente quando determinado pela autoridade competente, os produtos nocivos ou perigosos, na forma deste artigo" (Brasil, 1990).

Já o art. 65 dispõe que "Executar serviço de alto grau de periculosidade, contrariando determinação de autoridade competente" (Brasil, 1990) implica ao infrator pena de detenção de seis meses a dois anos e multa, trazendo em seu parágrafo único que "as penas deste artigo são aplicáveis sem prejuízo das correspondentes à lesão corporal e à morte" (Brasil, 1990), constantes do Código Penal brasileiro (Decreto-Lei n. 2.848/1940).

A oferta e a publicidade, em determinados casos de ilicitude, também são tipificadas como crime, conforme constante no art. 66 do CDC: "Fazer afirmação falsa ou enganosa, ou omitir informação relevante sobre a natureza, característica, qualidade, quantidade, segurança, desempenho, durabilidade, preço ou garantia de produtos ou serviços" (Brasil, 1990) ensejará pena de detenção de três meses a um ano e multa, estando sujeito às mesmas penas todo aquele que patrocinar a oferta. Se o crime for culposo, a pena será de detenção de um a seis meses ou multa.

O art. 67 reforça essa lógica, ao prever que "Fazer ou promover publicidade que sabe ou deveria saber ser enganosa ou abusiva" (Brasil, 1990) sujeita o infrator à pena de detenção de três meses a um ano e multa.

O art. 68 ainda determina que "Fazer ou promover publicidade que sabe ou deveria saber ser capaz de induzir o consumidor a se comportar de forma prejudicial ou perigosa a sua saúde ou segurança" (Brasil, 1990) torna o infrator passível de pena de detenção de seis meses a dois anos e multa. Ainda sobre a publicidade, o art. 69 diz que "Deixar de organizar dados fáticos, técnicos e científicos que dão base à publicidade" (Brasil, 1990) ensejará pena de detenção de um a seis meses ou multa.

A prática de "Empregar, na reparação de produtos, peça ou componentes de reposição usados, sem autorização do consumidor" poderá acarretar pena de detenção de três meses a um ano e multa, de acordo com art. 70 do CDC (Brasil, 1990).

Em relação à cobrança de dívidas, o uso de "ameaça, coação, constrangimento físico ou moral, afirmações falsas incorretas ou enganosas ou de qualquer outro procedimento que exponha o consumidor, injustificadamente, a ridículo ou interfira com seu trabalho, descanso ou lazer" (Brasil, 1990) poderá determinar a punição com detenção de três meses a um ano e multa, conforme estabelece o art. 71.

"Impedir ou dificultar o acesso do consumidor às informações que sobre ele constem em cadastros, banco de dados, fichas e registros" (Brasil, 1990), de acordo com o art. 72 do CDC, ensejará pena de detenção de seis meses a um ano ou multa, assim como, conforme aponta o art. 73, "Deixar de corrigir imediatamente informação sobre consumidor constante de cadastro, banco de dados, fichas ou registros que sabe ou deveria saber ser inexata" (Brasil, 1990).

À luz do art. 74 do CDC, "Deixar de entregar ao consumidor o termo de garantia adequadamente preenchido e com especificação clara de seu conteúdo" (Brasil, 1990) é prática punível com detenção de um a seis meses ou multa. Vale ressaltar, ainda, o que rege o art. 75:

> Art. 75. Quem, de qualquer forma, concorrer para os crimes referidos neste código [o CDC], incide as penas a esses cominadas na medida de sua culpabilidade, bem como o diretor, administrador ou gerente da pessoa jurídica que promover, permitir ou por qualquer modo aprovar o fornecimento, oferta, exposição à venda ou manutenção em depósito de produtos ou a oferta e prestação de serviços nas condições por ele proibidas. (Brasil, 1990)

O art. 76 determina que são circunstâncias agravantes dos crimes tipificados em lei:

> Art. 76. [...]
> I – serem cometidos em época de grave crise econômica ou por ocasião de calamidade;
> II – ocasionarem grave dano individual ou coletivo;
> III – dissimular-se a natureza ilícita do procedimento;
> IV – quando cometidos:
> a) por servidor público, ou por pessoa cuja condição econômico-social seja manifestamente superior à da vítima;
> b) em detrimento de operário ou rurícola; de menor de dezoito ou maior de sessenta anos ou de pessoas portadoras de deficiência mental interditadas ou não;
> c) serem praticados em operações que envolvam alimentos, medicamentos ou quaisquer outros produtos ou serviços essenciais. (Brasil, 1990)

A pena pecuniária prevista pelo CDC, à luz do art. 77, "será fixada em dias-multa, correspondente ao mínimo e ao máximo de dias de duração da pena privativa da liberdade cominada ao crime. Na individualização desta multa, o juiz observará o disposto no art. 60, §1º do Código Penal" (Brasil, 1990).

No que diz respeito ao art. 78, o CDC impõe:

> Art. 78. Além das penas privativas de liberdade e de multa, podem ser impostas, cumulativa ou alternadamente, observado o disposto nos arts. 44 a 47, do Código Penal:
> I – a interdição temporária de direitos;
> II – a publicação em órgãos de comunicação de grande circulação ou audiência, às expensas do condenado, de notícia sobre os fatos e a condenação;
> III – a prestação de serviços à comunidade. (Brasil, 1990)

"O valor da fiança, nas infrações de que trata este código [o CDC], será fixado pelo juiz, ou pela autoridade que presidir o inquérito, entre cem e duzentas mil vezes o valor do Bônus do Tesouro Nacional (BTN), ou índice equivalente que venha a substituí-lo" (Brasil, 1990), conforme rege o art. 79.

Por fim, o art. 80 prevê:

> Art. 80. No processo penal atinente aos crimes previstos neste código [o CDC], bem como a outros crimes e contravenções que envolvam relações de consumo, poderão intervir, como assistentes do Ministério Público, os legitimados indicados no art. 82, inciso III e IV, aos quais também é facultado propor ação penal subsidiária, se a denúncia não for oferecida no prazo legal. (Brasil, 1990)

Por meio dessa explanção, constatamos, pois, que a previsão de responsabilidade penal do CDC abrange importantes atividades das relações de consumo, tendo como objetivo maior inibir e punir rigorosamente condutas censuráveis consideradas especialmente graves pelo legislador. Como sempre, a finalidade é dar plena guarida ao consumidor, que costuma ocupar o polo mais frágil dessas relações.

3.3 Desconsideração da personalidade jurídica

A adoção da personalidade jurídica é um importante instrumento da atividade econômica moderna. Caracteriza-se pelo investimento de identidade própria a uma sociedade ou entidade formada por um ou mais indivíduos.

Ocorre que essa identidade não pode ser utilizada para fins escusos nem servir de escudo para blindar as pessoas físicas responsáveis por fraudes ou danos a consumidores. Nesses casos, é preciso desconsiderar a personalidade jurídica e responsabilizar diretamente os indivíduos que a compõem. Em outras palavras, em caso de descumprimento da lei, existe a desconsideração da personalidade jurídica, uma teoria utilizada inicialmente nos Estados Unidos e trazida à legislação brasileira pelo CDC em 1990.

A Seção V da referida norma trata exclusivamente da desconsideração da personalidade jurídica: o art. 28 dispõe explicitamente que o juiz poderá desconsiderar a personalidade jurídica da sociedade quando, em detrimento do consumidor, houver **abuso de direito, excesso de poder, infração da lei, fato ou ato ilícito ou violação dos estatutos ou contrato social**. Ainda de acordo com o artigo, ela também ocorrerá quando houver falência, estado de insolvência, encerramento ou inatividade da pessoa jurídica provocados por má administração.

O parágrafo 2º determina que as sociedades integrantes dos grupos societários e as sociedades controladas são subsidiariamente responsáveis pelas obrigações decorrentes previstas no CDC. Esse artigo ainda prevê que as sociedades consorciadas são solidariamente responsáveis pelas obrigações decorrentes e que as sociedades coligadas só responderão por culpa.

Por fim, o dispositivo legal estabelece, de forma geral, que também poderá ser desconsiderada a pessoa jurídica sempre que sua personalidade for, de alguma forma, obstáculo ao ressarcimento de prejuízos causados aos consumidores. Mais uma vez, verificamos o ensejo protecionista do legislador, que visa ao equilíbrio nas relações de consumo.

3.4 Garantia de produtos e serviços

A garantia legal de adequação dos produtos e serviços é expressamente estabelecida no art. 24 do CDC, o qual determina que ela independe de termo expresso, vedada a exoneração contratual do fornecedor. Vale frisar que a garantia de **adequação** já é prevista no CDC nos arts. 4º, 8º, 18 e 19, entre outros.

Em relação aos **prazos** de garantia, há que se examinar o art. 24, já descrito no início do item, e os arts. 26 e 27 do CDC, reproduzidos a seguir:

> Art. 26. O direito de reclamar pelos vícios aparentes ou de fácil constatação caduca em:
> I – trinta dias, tratando-se de fornecimento de serviço e de produtos não duráveis;
> II – noventa dias, tratando-se de fornecimento de serviço e de produtos duráveis.
> § 1º Inicia-se a contagem do prazo decadencial a partir da entrega efetiva do produto ou do término da execução dos serviços.
> § 2º Obstam a decadência:

> I – a reclamação comprovadamente formulada pelo consumidor perante o fornecedor de produtos e serviços até a resposta negativa correspondente, que deve ser transmitida de forma inequívoca;
> II – (vetado);
> III – a instauração de inquérito civil, até seu encerramento.
> § 3º Tratando-se de vício oculto, o prazo decadencial inicia-se no momento em que ficar evidenciado o defeito.
> Art. 27. Prescreve em cinco anos a pretensão à reparação pelos danos causados por fato do produto ou do serviço prevista na Seção II deste Capítulo, iniciando-se a contagem do prazo a partir do conhecimento do dano e de sua autoria.
> (Brasil, 1990)

A garantia contratual é prevista no art. 50 do CDC, reproduzido a seguir:

> Art. 50. A garantia contratual é complementar à legal e será conferida mediante termo escrito.
> Parágrafo único. O termo de garantia ou equivalente deve ser padronizado e esclarecer, de maneira adequada, em que consiste a mesma garantia, bem como a forma, o prazo e o lugar em que pode ser exercitada e os ônus a cargo do consumidor, devendo ser-lhe entregue, devidamente preenchido pelo fornecedor, no ato do fornecimento, acompanhado de manual de instrução, de instalação e uso do produto em linguagem didática, com ilustrações. (Brasil, 1990)

Essa garantia significa que o fornecedor pode oferecer outra garantia além da mínima estipulada legalmente, por escrito e com linguagem clara. Sua interpretação obedece aos mesmos princípios utilizados nas relações de consumo, levando em conta a boa-fé e, especialmente, a vulnerabilidade do consumidor.

Síntese

Vimos, neste capítulo, como funciona a responsabilidade nas relações de consumo, estabelecendo a diferenciação entre as responsabilidades objetiva e subjetiva e compreendendo as extensões da responsabilidade solidária, além de indentificar os principais aspectos da responsabilidade penal. Verificamos, também, as principais características referentes às garantias de produtos e serviços nas relações de consumo.

Questões para revisão

1) Qual é o objetivo da legislação consumerista ao prever a responsabilidade solidária dos fornecedores?

2) A respeito da responsabilidade civil no CDC, é correto afirmar:
   a. A regra é da responsabilidade subjetiva, já que a culpa deve ser sempre provada.
   b. A responsabilidade objetiva, que independe da culpa, é exceção no CDC.
   c. A responsabilidade é sempre exclusiva do causador do dano, excluindo demais fornecedores envolvidos.
   d. A responsabilidade é solidária e envolve todos os fornecedores da cadeia.
   e. Todas as alternativas anteriores estão corretas.

3) Para a responsabilização subjetiva, há que se verificar a presença da culpa, que é caraterizada por:
   a. negligência, imperícia e irresponsabilidade.
   b. imprudência, imperícia e irresponsabilidade.
   c. negligência, imprudência e imperícia.

d. negligência, imprudência e irresponsabilidade.
e. irresponsabilidade, negligência e imperícia.

4) Assinale a alternativa correta:
a. A garantia contratual é proibida pelo CDC.
b. A garantia contratual não necessita de termo escrito para sua validade.
c. A garantia contratual é uma extensão da garantia mínima exigida por lei.
d. Por ser opcional, não se aplicam à garantia contratual os princípios da boa-fé e da vulnerabilidade.
e. A garantia legal necessita de termo expresso para sua validade.

5) O CDC prevê a "desconsideração da personalidade jurídica" (Brasil, 1990), estendendo a responsabilização aos sócios da empresa. Descreva as vantagens desse instrumento para a defesa do consumidor.

Questões para reflexão

1) Com base no que foi visto neste capítulo, aponte as principais vantagens do sistema de responsabilidade civil para os consumidores.

2) Discorra sobre as principais vantagens da garantia contratual prevista no CDC.

IV

Oferta, publicidade e aspectos processuais

Conteúdos do capítulo

» Oferta e publicidade.
» Aspectos fundamentais da publicidade nas relações de consumo.
» Aspectos processuais pertinentes às relações de consumo.

Após o estudo deste capítulo, você será capaz de:

1. compreender a oferta e a publicidade sob um viés legal;
2. reconhecer quando a publicidade é abusiva e enganosa;
3. reconhecer aspectos processuais pertinentes às relações de consumo.

A oferta e a publicidade se configuram como importantíssimas práticas comerciais nos dias atuais. Ambas são comumente utilizadas pelos fornecedores como meios de se chegar ao consumidor, impulsionando a venda de produtos e serviços. Assim, é fundamental conhecermos tais práticas e seus limites e as punições previstas em casos de abusos e descumprimentos, assuntos que estudaremos a seguir.

4.1 Aspectos fundamentais da oferta

A oferta de produtos e serviços está prevista a partir do art. 30 do Códigos de Defesa do Consumidor (CDC) – Lei n. 8.078, de 11 de setembro de 1990 (Brasil, 1990) –, conforme exposto e analisado a seguir.

O art. 30 dispõe que "Toda informação ou publicidade, suficientemente precisa, veiculada por qualquer forma ou meio de comunicação com relação a produtos e serviços oferecidos ou apresentados, obriga o fornecedor que a fizer veicular ou dela se utilizar e integra o contrato que vier a ser celebrado" (Brasil, 1990). Denotamos, daí, que a oferta é **vinculante**, não cabendo desistência por parte dos fornecedores. De acordo com o art. 31:

> Art. 31. A oferta e a apresentação de produtos ou serviços devem assegurar informações corretas, claras, precisas, ostensivas e em língua portuguesa sobre suas características, qualidades, quantidade, composição, preço, garantia, prazos de validade e origem, entre outros dados, bem como sobre os riscos que apresentam à saúde e segurança dos consumidores. (Brasil, 1990)

Conforme estabelece o art. 32, "os fabricantes e importadores deverão assegurar a oferta de componentes e peças de reposição enquanto não cessar a fabricação ou importação do produto" (Brasil, 1990). O parágrafo único desse artigo ainda complementa que, "Cessadas a produção ou importação, a oferta deverá ser mantida por período razoável de tempo, na forma da lei" (Brasil, 1990).

O art. 33, por sua vez, determina que "Em caso de oferta ou venda por telefone ou reembolso postal, deve constar o nome do fabricante e endereço na embalagem, publicidade e em todos os impressos utilizados na transação comercial" (Brasil, 1990). Estabelece também, no parágrafo único, que "É proibida a publicidade de bens e serviços por telefone, quando a chamada for onerosa ao consumidor que a origina" (Brasil, 1990).

Reforçando o princípio da responsabilidade solidária, já examinado anteriormente, o art. 34 prevê que "O fornecedor do produto ou serviço é solidariamente responsável pelos atos de seus prepostos ou representantes autônomos" (Brasil, 1990).

Já o art. 35 dispõe o seguinte:

> Art. 35. Se o fornecedor de produtos ou serviços recusar cumprimento à oferta, apresentação ou publicidade, o consumidor poderá, alternativamente e à sua livre escolha:
> I – exigir o cumprimento forçado da obrigação, nos termos da oferta, apresentação ou publicidade;
> II – aceitar outro produto ou prestação de serviço equivalente;
> III – rescindir o contrato, com direito à restituição de quantia eventualmente antecipada, monetariamente atualizada, e a perdas e danos. (Brasil, 1990)

Conforme ensina Efing (2004, p. 184), "a expressão 'oferta' é utilizada pelo legislador como sinônimo de marketing, ou seja, todos os métodos, técnicas e instrumentos que aproximam os consumidores dos produtos e serviços". A publicidade, pois, é um dos meios utilizados para dar visibilidade a produtos e serviços, conforme será analisado a seguir.

Aprimorando a definição de *oferta*, podemos dizer que se trata de prática comercial que lança mão de diferentes ferramentas para divulgar produtos e serviços (comunicação na embalagem de um produto, por exemplo), entre as quais inclui-se a publicidade. Conforme Gomes (2012, p. 5):

publicidade e oferta estão intimamente relacionadas, mas a publicidade nem sempre contém oferta, assim como a oferta nem sempre é realizada através da publicidade. No entanto, quando oferta e publicidade coincidem, os efeitos jurídicos decorrentes são únicos, já que a oferta transforma-se no conteúdo da mensagem publicitária.

Os principais elementos da oferta no âmbito das relações de consumo dizem respeito aos desdobramentos práticos que envolvem fornecedores e consumidores, especialmente quanto ao princípio da vinculação, o qual determina que o fornecedor que veiculou a oferta é obrigado a cumpri-la. Para ilustrar o impacto desse aspecto no dia a dia do mercado de consumo, vale dizer que uma empresa, ao fazer um anúncio de jornal com o preço errado de um produto, deverá, como regra, cumprir com o que foi anunciado. Apenas casos em que ficar provada a má-fé do consumidor serão tratados de forma diferente. Mas, se o fornecedor errou, ele deve arcar com as consequências desse ato.

4.2 Publicidade nas relações de consumo

A publicidade pode ser entendida como todo esforço organizado de **comunicação** que tem por objetivo transmitir publicamente mensagens em favor de produtos, serviços e marcas. O art. 36 do CDC prevê que ela deve ser veiculada de tal maneira que o consumidor tenha condições de identificá-la, fácil e imediatamente, como tal. Determina, ainda, que "o fornecedor, na publicidade de seus produtos ou serviços, manterá, em seu poder, para informação dos legítimos interessados, os dados fáticos, técnicos e científicos que dão sustentação à mensagem" (Brasil, 1990).

O art. 37, por sua vez, objetivamente declara que toda publicidade enganosa ou abusiva é proibida. Segundo o CDC:

> Art. 37. [...]
> § 1º É **enganosa** qualquer modalidade de informação ou comunicação de caráter publicitário, inteira ou parcialmente falsa, ou, por qualquer outro modo, mesmo por omissão, capaz de induzir em erro o consumidor a respeito da natureza, características, qualidade, quantidade, propriedades, origem, preço e quaisquer outros dados sobre produtos e serviços. (Brasil, 1990, grifo nosso)

Ainda à luz do CDC:

> Art. 37. [...]
> § 2º É **abusiva**, dentre outras, a publicidade discriminatória de qualquer natureza, a que incite à violência, explore o medo ou a superstição, se aproveite da deficiência de julgamento e experiência da criança, desrespeita valores ambientais, ou que seja capaz de induzir o consumidor a se comportar de forma prejudicial ou perigosa à sua saúde ou segurança. (Brasil, 1990, grifo nosso)

O código ainda ressalta, no parágrafo 3º do art. 37, que "a publicidade é enganosa por omissão quando deixar de informar sobre dado essencial do produto ou serviço" (Brasil, 1990). O art. 38, por sua vez, dispõe que "o ônus da prova da veracidade e correção da informação ou comunicação publicitária cabe a quem as patrocina" (Brasil, 1990).

Da cuidadosa análise do CDC, verificamos que existem alguns princípios norteadores relacionados à publicidade, os quais, conforme ensina Efing (2004), podem ser assim resumidos:

    a. princípio da identificação da publicidade;
    b. princípio da vinculação contratual;
    c. princípio da veracidade;

d. princípio da não abusividade;
e. princípio da inversão do ônus da prova;
f. princípio da correção do desvio publicitário – contrapropaganda;
g. princípio da regulamentação penal da publicidade.

Note que o CDC trata de *publicidade*, e não de *propaganda*. Embora o mercado utilize muitas vezes esses termos como sinônimos, existe uma importante diferença entre eles sob o ponto de vista jurídico.

A origem da expressão ***propaganda*** é latina – *propagare* – e significa "mergulhar, plantar, semear". Seu uso remonta ao Papa Clemente que divulgava, os ideais do catolicismo na Idade Média com a finalidade de dissiminá-los. Séculos depois, o termo novamente ganhou notoriedade, dessa vez com a propaganda, mediante um organizado planejamento de comunicação capaz de tornar essa ideologia conhecida em todo o mundo. Podemos perceber, em ambos os casos, que a propaganda está ligada à divulgação de ideais políticos, religiosos e ideologias, e não a produtos e serviços comerciais – esse é o foco da publicidade.

O CDC obviamente cuida da publicidade, e não da propaganda. Na prática, vale dizer que uma campanha política, por exemplo, não está adstrita a ele. Um eleitor que se sinta lesado por eventual "propaganda enganosa" de determinado candidato ou partido não poderia lançar mão do CDC para se proteger. Afinal, o CDC trata apenas da publicidade de produtos e serviços, tanto sob o ponto de vista promocional (vendas) quanto institucional (marca).

▪ Sistema de regulamentação da publicidade no Brasil e autorregulamentação

A regulamentação da publicidade no Brasil é **estatal**. Existem normativas previstas na Constituição Federal (CF) de 5 de outubro de 1988 (Brasil, 1988a), em leis específicas, e, especialmente, no CDC.

Além desses dispositivos legais, a regulamentação também ocorre por meio de **normas privadas** do próprio mercado publicitário, que, apesar de não possuírem o reconhecimento estatal, são relevantes em termos práticos. A autorregulamentação publicitária é gerida, no Brasil, pelo Conselho Nacional de Autorregulamentação Publicitária (**Conar**). Trata-se de um órgão privado, formado pelas principais entidades que compõem o mercado publicitário brasileiro: os representantes de anunciantes, agências de publicidade e veículos de comunicação. São entidades fundadoras do Conar:

» Associação Brasileira de Anunciantes (ABA);
» Associação Brasileira das Agências de Publicidade (Abap);
» Associação Nacional de Jornais (ANJ);
» Associação Nacional de Editores de Revistas (Aner);
» Associação Brasileira de Emissoras de Rádio e Televisão (Abert);
» Central de Outdoor (representando empresas de mídia exterior).

Vale ressaltar que a publicidade é um dos temas mais complexos e relevantes relacionados ao Direito do Consumidor nos dias atuais. Informações diversas têm sido cada vez mais disseminadas no cotidiano das pessoas, especialmente por meio de novos recursos tecnológicos. Assim, a preocupação em relação a eventuais abusos na oferta e publicidade de produtos e serviços se mostra cada vez mais presente na sociedade brasileira. Considerando que o mercado publicitário é dinâmico e que a cada dia surgem novas tecnologias, novas mídias e novas formas de aproximar marcas e consumidores, seria impossível que a legislação acompanhasse as atualizações na mesma velocidade.

Por isso, a existência do Conar é de grande relevância, já que esse órgão deve ser responsável por publicar normas específicas de publicidade e orientar os afiliados (o mercado publicitário), no sentido de proteger a sociedade (consumidores), com muito mais agilidade que o sistema judicial e judiciário brasileiro.

O preâmbulo do Código Brasileiro de Autorregulamentação Publicitária (Conar, 1980) traz alguns princípios norteadores que devem ser cumpridos por todos os agentes do mercado, conforme segue:

Artigo 1º
Todo anúncio deve ser respeitador e conformar-se às leis do país; deve, ainda, ser honesto e verdadeiro.

Artigo 2º
Todo anúncio deve ser preparado com o devido senso de responsabilidade social, evitando acentuar, de forma depreciativa, diferenciações sociais decorrentes do maior ou menor poder aquisitivo dos grupos a que se destina ou que possa eventualmente atingir.

Artigo 3º
Todo anúncio deve ter presente a responsabilidade do Anunciante, da Agência de Publicidade e do Veículo de Divulgação junto ao Consumidor.

Artigo 4º
Todo anúncio deve respeitar os princípios de leal concorrência geralmente aceitos no mundo dos negócios.

Artigo 5º
Nenhum anúncio deve denegrir a atividade publicitária ou desmerecer a confiança do público nos serviços que a publicidade presta à economia como um todo e ao público em particular.

Artigo 6º
Toda publicidade deve estar em consonância com os objetivos do desenvolvimento econômico, da educação e da cultura nacionais.

Artigo 7º
De vez que a publicidade exerce forte influência de ordem cultural sobre grandes massas da população, este Código recomenda que os anúncios sejam criados e produzidos por Agências e Profissionais sediados no país – salvo impossibilidade devidamente comprovada – e, ainda,

> *que toda publicidade seja agenciada por empresa aqui estabelecida.* (Conar, 1980)

Podemos notar então que o objetivo do Conar é **conscientizar agências e anunciantes** quanto às responsabilidades de suas funções e quanto à necessidade de respeitar o público a que se destina a mensagem. No Código de Autorregulamentação Publicitária (Conar, 1980), o órgão trata de temas específicos, divididos em capítulos. Os princípios gerais estão elencados em 12 seções do Capítulo II:

» Seção 1 – Respeitabilidade;
» Seção 2 – Decência;
» Seção 3 – Honestidade;
» Seção 4 – Medo, superstição, violência;
» Seção 5 – Apresentação verdadeira;
» Seção 6 – Identificação publicitária;
» Seção 7 – Propaganda comparativa;
» Seção 8 – Segurança e acidentes;
» Seção 9 – Proteção da intimidade;
» Seção 10 – Poluição e ecologia;
» Seção 11 – Crianças e jovens;
» Seção 12 – Direito autoral e plágio.

O Capítulo IV, por sua vez, trata das responsabilidades – constituindo-se em dispositivo preocupado em determinar a extensão das responsabilidades em relação à observância do código e suas diretrizes norteadoras:

> *Artigo 45 – A responsabilidade pela observância das normas de conduta estabelecidas neste Código cabe ao Anunciante e a sua Agência, bem como ao Veículo, ressalvadas no caso deste último as circunstâncias específicas que serão abordadas mais adiante, neste Artigo:*

a. *o Anunciante assumirá responsabilidade total por sua publicidade;*
b. *a Agência deve ter o máximo cuidado na elaboração do anúncio, de modo a habilitar o Cliente Anunciante a cumprir sua responsabilidade, com ele respondendo solidariamente pela obediência aos preceitos deste Código;*
c. *este Código recomenda aos Veículos que, como medida preventiva, estabeleçam um sistema de controle na recepção de anúncios.*
Poderá o veículo:
c.1) *recusar o anúncio, independentemente de decisão do Conselho Nacional de Autorregulamentação Publicitária – CONAR, quando entender que o seu conteúdo fere, flagrantemente, princípios deste Código, devendo, nesta hipótese, comunicar sua decisão ao Conselho Superior do CONAR que, se for o caso, determinará a instauração de processo ético;*
c.2) *recusar anúncio que fira a sua linha editorial, jornalística ou de programação;*
c.3) *recusar anúncio sem identificação do patrocinador, salvo o caso de campanha que se enquadre no parágrafo único do Artigo 9º ("teaser");*
c.4) *recusar anúncio de polêmica ou denúncia sem expressa autorização de fonte conhecida que responda pela autoria da peça;*
d. *o controle na recepção de anúncios, preconizado na letra "c" deste artigo, deverá adotar maiores precauções em relação à peça apresentada sem a intermediação de Agência, que por ignorância ou má-fé do Anunciante, poderá transgredir princípios deste Código;*
e. *a responsabilidade do Veículo será equiparada à do Anunciante sempre que a veiculação do anún-*

> cio contrariar os termos de recomendação que lhe
> tenha sido comunicada oficialmente pelo Conselho
> Nacional de Autorregulamentação Publicitária –
> CONAR.
>
> *Artigo 46* – Os diretores e qualquer pessoa empregada
> numa firma, companhia ou instituição que tomem parte
> no planejamento, criação, execução e veiculação de um
> anúncio, respondem, perante as normas deste Código, na
> medida de seus respectivos poderes decisórios.
>
> *Artigo 47* – A responsabilidade na observância das normas
> deste Código abrange o anúncio no seu conteúdo e forma
> totais, inclusive testemunhos e declarações ou apresentações visuais que tenham origem em outras fontes. O fato
> de o conteúdo ou forma serem originários, no todo ou em
> parte, de outras fontes, não desobriga da observância deste
> Código.
>
> *Artigo 48* – Um anúncio enganador não pode ser defendido com base no fato de o Anunciante, ou alguém agindo por ele, ter posteriormente fornecido ao Consumidor
> as informações corretas. O Anunciante terá, entretanto,
> "a priori", o crédito de boa-fé.
>
> *Artigo 49* – Nenhum Anunciante, Agência, Editor, proprietário ou agente de um veículo publicitário deve promover
> a publicação de qualquer anúncio que tenha sido reprovado pelo Conselho Nacional de Autorregulamentação
> Publicitária – CONAR, criado para o funcionamento deste
> Código. (Conar, 1980)

Em caso de descumprimentos, por sua vez, o art. 50 estabelece o seguinte:

> *Artigo 50* – Os infratores das normas estabelecidas neste
> Código e seus anexos estarão sujeitos às seguintes penalidades:
>   a. advertência;
>   b. recomendação de alteração ou correção do
>   Anúncio;

c. *recomendação aos Veículos no sentido de que sustem a divulgação do anúncio;*
d. *divulgação da posição do CONAR com relação ao Anunciante, à Agência e ao Veículo, através de Veículos de comunicação, em face do não acatamento das medidas e providências preconizadas.*

§ 1º – Compete privativamente ao Conselho de Ética do CONAR apreciar e julgar as infrações aos dispositivos deste Código e seus Anexos, e ao Conselho Superior do CONAR cumprir e fazer cumprir as decisões emanadas do Conselho de Ética em processo regular.

§ 2º – Compete privativamente ao Conselho Superior do CONAR alterar as disposições deste Código, bem como alterar, suprimir e acrescentar-lhe Anexos. (Conar, 1980)

Logo, o Conar se preocupa em detalhar as normas relativas à publicidade no Brasil mais do que qualquer outro dispositivo legal. Nesse sentido, o código apresenta anexos com diversas categorias especiais de anúncios e suas restrições e orientações específicas:

» Anexo A – Bebidas alcoólicas;
» Anexo B – Educação, cursos, ensino;
» Anexo C – Empregos e oportunidades;
» Anexo D – Imóveis: venda e aluguel;
» Anexo E – Investimentos, empréstimos e mercado de capitais;
» Anexo F – Lojas e varejo;
» Anexo G – Médicos, dentistas, veterinários, parteiras, massagistas, enfermeiros, serviços hospitalares, paramédicos, para-hospitalares, produtos protéticos e tratamentos.
» Anexo H – Alimentos, refrigerantes, sucos e bebidas assemelhadas;
» Anexo I – Produtos farmacêuticos isentos de prescrição;
» Anexo J – Produtos de fumo;

» Anexo K – Produtos inibidores do fumo;
» Anexo L – Profissionais liberais;
» Anexo M – Reembolso postal ou vendas pelo correio;
» Anexo N – Turismo, viagens, excursões, hotelaria;
» Anexo O – Veículos motorizados;
» Anexo P – Cervejas e vinhos;
» Anexo Q – Testemunhais, atestados, endossos;
» Anexo R – Defensivos agrícolas;
» Anexo S – Armas de fogo;
» Anexo T – *Ices* e bebidas assemelhadas;
» Anexo U – Apelos de sustentabilidade;

Desse modo, constatamos que o Código Brasileiro de Autorregulamentação Publicitária é um importante instrumento de proteção do consumidor no que diz respeito à oferta e à publicidade de produtos e serviços.

Princípios da publicidade no CDC

Conforme vimos anteriormente, o CDC preconiza alguns princípios que devem nortear toda publicidade veiculada no Brasil.

Princípio da identificação da publicidade

Decorre da análise do art. 36 do CDC e implica dizer que o consumidor deve perceber, ao ver qualquer peça publicitária, que se trata claramente de um anúncio. Esse princípio proíbe, portanto, a publicidade implícita, disfarçada.

Princípio da vinculação contratual

Relaciona-se à obrigatoriedade do cumprimento das ofertas por parte dos anunciantes-fornecedores. Vale dizer que os fornecedores precisam entregar produtos e serviços exatamente nas condições anunciadas. Casos de erros "grosseiros" na oferta (erro de impressão em um encarte, por exemplo) são analisados caso a caso, mas a regra geral é a da vinculação.

Princípio da veracidade

Ao proibir explicitamente a publicidade que não seja verdadeira, o código apenas traduz positivamente uma conduta básica já esperada e desejada do mercado de consumo: a honestidade. A publicidade verdadeira, pois, nada mais é do que uma obrigação legal e moral dos fornecedores de produtos e serviços.

Princípio da não abusividade

Prevista no art. 37 do CDC, a proibição da publicidade abusiva é um instrumento de proteção do consumidor, que figura como agente vulnerável no cenário das relações de consumo. A publicidade abusiva, nas letras do código, é aquela considerada como discriminatória (qualquer que seja natureza da discriminação), que incite à violência, que explore o medo ou a superstição, que se aproveite da deficiência de julgamento e de experiência da criança, que desrespeite valores ambientais ou que seja capaz de induzir o consumidor a se comportar de forma prejudicial ou perigosa à sua saúde ou segurança.

Princípio da inversão do ônus da prova

Trata-se de importante ferramenta para a defesa do consumidor, pois está relacionado ao princípio da boa-fé. No sistema jurídico tradicional, a prova cabe a quem acusa; no CDC, de acordo com esse princípio, a prova cabe ao fornecedor. O art. 6º do CDC, inciso VIII, apresenta esse princípio e traz os requisitos que norteiam sua aplicação processual: "a facilitação da defesa de seus direitos (do consumidor), inclusive com a inversão do ônus da prova, a seu favor, no processo civil, quando, a critério do juiz, for verossímil a alegação ou quando for ele hipossuficiente, segundo as regras ordinárias de experiências" (Brasil, 1990).

Conforme ensina Theodoro (2013),

> *A verossimilhança das alegações é aparência da verdade, não exigindo sua certeza. Já a hipossuficiência é examinada através da capacidade técnica e informativa do consumidor, de suas deficiências neste campo para litigar com o fornecedor que por sua condição é detentor das técnicas.*
>
> *Sendo assim, o juiz, ao analisar os fatos e argumentos apresentados pelas partes e entendendo presentes um dos requisitos acima, deve aplicar a inversão e comunicá-las de sua decisão.*

Vale dizer, portanto, que, independentemente da condição (hipossuficiente ou não), em havendo a alegação aparente de verdade, deve o juiz conceder o direito de inversão do ônus da prova a favor do consumidor.

Princípio da correção do desvio publicitário (contrapropaganda)

A previsão da contrapropaganda encontra amparo legal no art. 56 e especialmente no art. 60:

> Art. 60. A imposição de contrapropaganda será cominada quando o fornecedor incorrer na prática de publicidade enganosa ou abusiva, nos termos do art. 36 e seus parágrafos, sempre às expensas do infrator.
> § 1º A contrapropaganda será divulgada pelo responsável da mesma forma, frequência e dimensão e, preferencialmente, no mesmo veículo, local, espaço e horário, de forma capaz de desfazer o malefício da publicidade enganosa ou abusiva. (Brasil, 1990)

O objetivo dessa sanção administrativa é punir publicamente fornecedores que incorrem na prática da publicidade enganosa ou abusiva. Há também importante caráter inibitório, pois muitas vezes a exposição pública de um problema pode ser mais danosa do que o pagamento de multas.

Princípio da regulamentação penal da publicidade

A regulamentação penal da publicidade está prevista no Título II do CDC, que trata das infrações penais, especialmente nos artigos analisados a seguir.

O art. 61 estabelece que "constituem crimes contra as relações de consumo previstas neste código, sem prejuízo do disposto no Código Penal e leis especiais, as condutas tipificadas nos artigos seguintes" (Brasil, 1990).

Segundo aponta o art. 63, "omitir dizeres ou sinais ostensivos sobre a nocividade ou periculosidade de produtos, nas embalagens, nos invólucros, recipientes ou publicidade enseja pena de detenção de seis meses a dois anos e multa" (Brasil, 1990). Em seus parágrafos, o art. 63 determina:

> Art. 63. [...]
> § 1º Incorrerá nas mesmas penas quem deixar de alertar, mediante recomendações escritas ostensivas, sobre a periculosidade do serviço a ser prestado.
> § 2º Se o crime é culposo:
> Pena – Detenção de um a seis meses ou multa. (Brasil, 1990)

Dispõe ainda o art. 66:

> Art. 66. Fazer afirmação falsa ou enganosa, ou omitir informação relevante sobre a natureza, característica, qualidade, quantidade, segurança, desempenho, durabilidade, preço ou garantia de produtos ou serviços.
> Pena – Detenção de três meses a um ano e multa.
> § 1º Incorrerá nas mesmas penas quem patrocinar a oferta.
> § 2º Se o crime é culposo:
> Pena – Detenção de um a seis meses ou multa. (Brasil, 1990)

São também relacionados à regulamentação penal da publicidade os seguintes artigos do CDC:

> Art. 67. Fazer ou promover publicidade que sabe ou deveria saber ser enganosa ou abusiva:
> Pena Detenção de três meses a um ano e multa.
> Parágrafo único. (Vetado).
> Art. 68. Fazer ou promover publicidade que sabe ou deveria saber ser capaz de induzir o consumidor a se comportar de forma prejudicial ou perigosa a sua saúde ou segurança:
> Pena – Detenção de seis meses a dois anos e multa.
> Parágrafo único. (Vetado).
> Art. 69. Deixar de organizar dados fáticos, técnicos e científicos que dão base à publicidade:
> Pena – Detenção de um a seis meses ou multa. (Brasil, 1990)

Publicidade enganosa

A publicidade enganosa, como já vimos anteriormente, está prevista no parágrafo 1º do art. 37 do CDC:

> Art. 37. É proibida toda publicidade enganosa ou abusiva.
> § 1º É **enganosa** qualquer modalidade de informação ou comunicação de caráter publicitário, inteira ou parcialmente falsa, ou, por qualquer outro modo, mesmo por omissão, capaz de induzir em erro o consumidor a respeito da natureza, características, qualidade, quantidade, propriedades, origem, preço e quaisquer outros dados sobre produtos e serviços. (Brasil, 1990, grifo nosso)

De acordo com a doutrina, a publicidade enganosa pode ser entendida como aquela capaz de induzir o consumidor ao erro, de fazê-lo acreditar que se trata de uma coisa quando, na verdade, trata-se de outra. Essa enganosidade, de acordo com o texto legal, é culpável mesmo quando há omissão. O parágrafo 3º do art. 37 assevera:

"Para os efeitos deste código, a publicidade é enganosa por omissão quando deixar de informar sobre dado essencial do produto ou serviço" (Brasil, 1990).

Vale dizer que a ilicitude do anúncio pode ser configurada não apenas pelo que está anunciado, mas também por aquilo que não o foi (e deveria). Portanto, deixar de incluir informação relevante que pode induzir o consumidor ao erro caracteriza uma publicidade enganosa por omissão.

■ Publicidade abusiva

Embora muitas vezes seja confundida com a publicidade enganosa, a publicidade abusiva possui características bem diversas, conforme descreve o CDC, em seu art. 37:

> Art. 37. É proibida toda publicidade enganosa ou abusiva.
> [...]
> § 2º É **abusiva**, dentre outras a publicidade discriminatória de qualquer natureza, a que incite à violência, explore o medo ou a superstição, se aproveite da deficiência de julgamento e experiência da criança, desrespeite valores ambientais, ou que seja capaz de induzir o consumidor a se comportar de forma prejudicial ou perigosa à sua saúde ou segurança. (Brasil, 1990, grifo nosso)

A abusividade da publicidade, portanto, está relacionada ao conteúdo dos anúncios. Embora o CDC determine expressamente o que vem a ser *publicidade abusiva*, esse termo ainda dá margem a interpretações variadas, razão por que é necessária uma análise cuidadosa das peças publicitárias por parte dos anunciantes-fornecedores antes que elas cheguem a ser veiculadas. *Publicidade capaz de induzir o consumidor a se comportar de maneira perigosa à sua segurança* é um enunciado que pode ser entendido de diversas maneiras. Anúncios de veículos automotores esportivos, por exemplo, podem ser alvos fáceis de denúncias de consumidores.

4.3 Aspectos processuais

Para que haja efetiva garantia ao consumidor, é importante que a proteção deste seja prevista em lei, por meio das tutelas administrativa e judicial, conforme veremos a seguir.

Tutela administrativa

A proteção administrativa do consumidor se apresenta como uma das mais importantes ferramentas no sistema de proteção ao consumidor no Brasil. Considerando que os direitos dos consumidores são assegurados nos âmbitos civil, penal e administrativo, notamos que é no administrativo que a proteção ao consumidor acontece de forma mais efetiva. Nesse sentido, Efing (2004, p. 117) assevera que,

> como é sabido, os direitos e interesses do consumidor são protegidos através de normas de natureza civil, penal e administrativa, mas são estas últimas as que melhor atuam na prevenção e na repressão contra os abusos praticados pelos fornecedores de produtos e serviços, já que tais normas emanam diretamente do Poder Público, que as aplica quando provocado pela parte ofendida, ou mesmo de ofício.

Os **órgãos administrativos** que desenvolvem a tutela administrativa representam o Poder Público e atuam de acordo com as diretrizes impostas pelo CDC, conforme descrevem os artigos expostos a seguir.

Art. 55. A União, os Estados e o Distrito Federal, em caráter concorrente e nas suas respectivas áreas de atuação administrativa, baixarão normas relativas à produção, industrialização, distribuição e consumo de produtos e serviços.

§ 1º A União, os Estados, o Distrito Federal e os Municípios fiscalizarão e controlarão a produção, industrialização, distribuição, a publicidade de produtos e serviços e o mercado de consumo, no interesse da preservação da vida, da saúde, da segurança, da informação e do bem-estar do consumidor, baixando as normas que se fizerem necessárias.

§ 2º (Vetado).

§ 3º Os órgãos federais, estaduais, do Distrito Federal e municipais com atribuições para fiscalizar e controlar o mercado de consumo manterão comissões permanentes para elaboração, revisão e atualização das normas referidas no § 1º, sendo obrigatória a participação dos consumidores e fornecedores.

§ 4º Os órgãos oficiais poderão expedir notificações aos fornecedores para que, sob pena de desobediência, prestem informações sobre questões de interesse do consumidor, resguardado o segredo industrial.

Art. 56. As infrações das normas de defesa do consumidor ficam sujeitas, conforme o caso, às seguintes sanções administrativas, sem prejuízo das de natureza civil, penal e das definidas em normas específicas:

I – multa;

II – apreensão do produto;

III – inutilização do produto;

IV – cassação do registro do produto junto ao órgão competente;

V – proibição de fabricação do produto;

VI – suspensão de fornecimento de produtos ou serviço;

VII – suspensão temporária de atividade;

VIII – revogação de concessão ou permissão de uso;

IX – cassação de licença do estabelecimento ou de atividade;

X – interdição, total ou parcial, de estabelecimento, de obra ou de atividade;
XI – intervenção administrativa;
XII – imposição de contrapropaganda.
Parágrafo único. As sanções previstas neste artigo serão aplicadas pela autoridade administrativa, no âmbito de sua atribuição, podendo ser aplicadas cumulativamente, inclusive por medida cautelar, antecedente ou incidente de procedimento administrativo.
[...]
Art. 57. A pena de multa, graduada de acordo com a gravidade da infração, a vantagem auferida e a condição econômica do fornecedor, será aplicada mediante procedimento administrativo, revertendo para o Fundo de que trata a Lei nº 7.347, de 24 de julho de 1985, os valores cabíveis à União, ou para os Fundos estaduais ou municipais de proteção ao consumidor nos demais casos. (Redação dada pela Lei n. 8.656, de 21.5.1993)
Parágrafo único. A multa será em montante não inferior a duzentas e não superior a três milhões de vezes o valor da Unidade Fiscal de Referência (Ufir), ou índice equivalente que venha a substituí-lo. (Parágrafo acrescentado pela Lei n. 8.703, de 6.9.1993)
Art. 58. As penas de apreensão, de inutilização de produtos, de proibição de fabricação de produtos, de suspensão do fornecimento de produto ou serviço, de cassação do registro do produto e revogação da concessão ou permissão de uso serão aplicadas pela administração, mediante procedimento administrativo, assegurada ampla defesa, quando forem constatados vícios de quantidade ou de qualidade por inadequação ou insegurança do produto ou serviço.

> Art. 59. As penas de cassação de alvará de licença, de interdição e de suspensão temporária da atividade, bem como a de intervenção administrativa, serão aplicadas mediante procedimento administrativo, assegurada ampla defesa, quando o fornecedor reincidir na prática das infrações de maior gravidade previstas neste código e na legislação de consumo.
>
> § 1º A pena de cassação da concessão será aplicada à concessionária de serviço público, quando violar obrigação legal ou contratual.
>
> § 2º A pena de intervenção administrativa será aplicada sempre que as circunstâncias de fato desaconselharem a cassação de licença, a interdição ou suspensão da atividade.
>
> § 3º Pendendo ação judicial na qual se discuta a imposição de penalidade administrativa, não haverá reincidência até o trânsito em julgado da sentença.
>
> Art. 60. A imposição de contrapropaganda será cominada quando o fornecedor incorrer na prática de publicidade enganosa ou abusiva, nos termos do art. 36 e seus parágrafos, sempre às expensas do infrator.
>
> § 1º A contrapropaganda será divulgada pelo responsável da mesma forma, frequência e dimensão e, preferencialmente, no mesmo veículo, local, espaço e horário, de forma capaz de desfazer o malefício da publicidade enganosa ou abusiva. (Brasil, 1990)

É importante frisar que a tutela administrativa que visa proteger o consumidor brasileiro é composta por alguns importantes órgãos que atuam dentro de seus limites territoriais, nas esferas municipais, estaduais e federal. O primeiro órgão público dedicado à defesa dos consumidores no Brasil, criado pelo Decreto n. 91.469, de 24 de julho de 1985 (Brasil, 1985), foi o Conselho Nacional de Defesa do Consumidor (CNDC), vinculado ao Ministério da Justiça. Depois de alterado, esse conselho vinculou-se à Secretaria de Direito Econômico (SDE) e passou a ser denominado *Departamento Nacional de Defesa do Consumidor*; cujas funções estão previstas no art. 106 do CDC.

Ainda na **esfera federal**, os principais órgãos de defesa do consumidor são:

» Conselho Administrativo de Defesa Econômica (Cade);
» Agência Nacional de Vigilância Sanitária (Anvisa);
» Associação Brasileira de Normas Técnicas (ABNT);
» Instituto Nacional de Metrologia, Qualidade e Tecnologia (Inmetro).

No **âmbito estadual**, a atuação administrativa é dada por meio da Fundação de Proteção e Defesa do Consumidor (Procon), que apresenta 10 objetivos institucionais, dispostos a seguir:

1. *educação para o consumo;*
2. *recebimento e processamento de reclamações administrativas, individuais e coletivas contra fornecedores de bens ou serviços;*
3. *orientação aos consumidores e fornecedores acerca de seus direitos e obrigações nas relações de consumo;*
4. *fiscalização do mercado consumidor para fazer cumprir as determinações da legislação de defesa do consumidor;*
5. *acompanhamento e propositura de ações judiciais coletivas;*
6. *estudos e acompanhamento de legislação nacional e internacional, bem como de decisões judiciais referentes aos direitos do consumidor;*
7. *pesquisas qualitativas e quantitativas na área de defesa do consumidor;*
8. *suporte técnico para implantação de Procons municipais conveniados;*
9. *intercâmbio técnico com entidades oficiais, organizações privadas e outros órgãos envolvidos com a defesa do consumidor, inclusive internacionais;*
10. *disponibilização de uma ouvidoria para recebimento, encaminhamento de críticas, sugestões ou elogios fei-*

tos pelos cidadãos quanto aos serviços prestados pela Fundação Procon, com o objetivo de melhoria contínua dos serviços. (Procon-SP, 2014)

▇ Defesa do consumidor em juízo e tutela coletiva

O CDC prevê ampla gama de instrumentos que visam à defesa do consumidor em juízo, não apenas na tutela individual, mas principalmente na coletiva. Conforme dispõe o art. 81:

> Art. 81. A defesa dos interesses e direitos dos consumidores e das vítimas poderá ser exercida em juízo individualmente, ou a título coletivo.
> Parágrafo único. A defesa coletiva será exercida quando se tratar de:
> I – interesses ou direitos difusos, assim entendidos, para efeitos deste código, os transindividuais, de natureza indivisível, de que sejam titulares pessoas indeterminadas e ligadas por circunstâncias de fato;
> II – interesses ou direitos coletivos, assim entendidos, para efeitos deste código, os transindividuais, de natureza indivisível de que seja titular grupo, categoria ou classe de pessoas ligadas entre si ou com a parte contrária por uma relação jurídica base;
> III – interesses ou direitos individuais homogêneos, assim entendidos os decorrentes de origem comum. (Brasil, 1990)

O art. 83, por sua vez, determina que, "Para a defesa dos direitos e interesses protegidos por este código [o CDC], são admissíveis todas as espécies de ações capazes de propiciar sua adequada e efetiva tutela" (Brasil, 1990).

Conforme previsão do art. 84, "Na ação que tenha por objeto o cumprimento da obrigação de fazer ou não fazer, o juiz concederá a tutela específica da obrigação ou determinará providências que assegurem o resultado prático equivalente ao do adimplemento" (Brasil, 1990). Os parágrafos 1º e 2º desse artiogo complementam:

> Art. 84. [...]
> § 1º A conversão da obrigação em perdas e danos somente será admissível se por elas optar o autor ou se impossível a tutela específica ou a obtenção do resultado prático correspondente.
> § 2º A indenização por perdas e danos se fará sem prejuízo da multa (art. 287, do Código de Processo Civil). (Brasil, 1990)

O parágrafo 3º fecha o raciocínio, discorrendo que, "Sendo relevante o fundamento da demanda e havendo justificado receio de ineficácia do provimento final, é lícito ao juiz conceder a tutela liminarmente ou após justificação prévia, citado o réu" (Brasil, 1990).

Complementam, ainda, sobre as sanções administrativas, os parágrafos 4º e 5º, os quais determinam:

> Art. 84. [...]
> § 4º O juiz poderá, na hipótese do § 3º ou na sentença, impor multa diária ao réu, independentemente de pedido do autor, se for suficiente ou compatível com a obrigação, fixando prazo razoável para o cumprimento do preceito.
> § 5º Para a tutela específica ou para a obtenção do resultado prático equivalente, poderá o juiz determinar as medidas necessárias, tais como busca e apreensão, remoção de coisas e pessoas, desfazimento de obra, impedimento de atividade nociva, além de requisição de força policial. (Brasil, 1990)

Em seguida, o CDC dispõe:

> Art. 87. Nas ações coletivas de que trata este código não haverá adiantamento de custas, emolumentos, honorários periciais e quaisquer outras despesas, nem condenação da associação autora, salvo comprovada má-fé, em honorários de advogados, custas e despesas processuais:
> Paragráfo único. Em caso de litigância de má-fé, a associação autora e os diretores responsáveis pela propositura da ação serão solidariamente condenados em honorários advocatícios e ao décuplo das custas, sem prejuízo da responsabilidade por perdas e danos.
> Art. 88. Na hipótese do art. 13, parágrafo único deste código, a ação de regresso poderá ser ajuizada em processo autônomo, facultada a possibilidade de prosseguir-se nos mesmos autos, vedada a denunciação da lide. (Brasil, 1990).

Conforme o art. 82, os legitimados para propor a ação com intuito de propiciar a defesa coletiva do consumidor são: o Ministério Público; a União, os estados, os municípios e o Distrito Federal; as entidades e órgão da administração pública, direta ou indireta, mesmo aquelas sem personalidade jurídica, bem como as associações legalmente constituídas há pelo menos um ano (Brasil, 1990).

A respeito dos direitos coletivos e difusos, vale ressaltar que ambos são protegidos pela **ação civil pública**, conhecida como *instrumento de ação da cidadania*. Conforme vimos no Capítulo 1, os direitos difusos são aqueles que se dirigem a pessoas indeterminadas, ao passo que os coletivos remetem a indivíduos de determinado grupo, como um sindicato ou um conjunto de pessoas de mesmo interesse. Nos dois casos, a defesa dos direitos coletivos é tratada como legitimação extraordinária*, pois o Ministério Público atua em nome próprio na defesa de interesses alheios.

---

* Legitimação extraordinária é a autorização excepcional dada pela lei para que alguém pleiteie, em nome próprio, um direito alheio, como substituto processual.

Já na defesa de direitos individuais homogêneos, é necessário o uso da **ação civil coletiva***. Como característica de tal ação, citamos a homogeneidade, ou seja, o fato de os direitos serem iguais ou idênticos para todos os interessados e decorrerem de origem comum (mesmo réu). Para melhor entendimento dos direitos coletivos e difusos, é interessante lançar mão de uma matéria produzida pela *Folha de S. Paulo* (citada por Carvalho, 2008), que ilustra de maneira bastante clara tal diferenciação, usando um conhecido caso jurisprudencial, reproduzida a seguir.

> *O Tribunal de Justiça de São Paulo anulou ontem uma sentença que havia condenado a Souza Cruz e a Philip Morris por suposta fraude nas relações com o consumidor.*
>
> *Em 2004, a juíza Adaísa Halpern condenou os fabricantes por considerar que eles sabiam dos males que o fumo provoca, mas não alertaram para isso, e usaram propaganda enganosa e abusiva. A ação transita há 13 anos e terá de voltar à primeira instância.*
>
> *Essa decisão era a maior derrota da indústria do cigarro no Brasil. A juíza havia determinado que todo fumante brasileiro tinha direito a uma indenização de R$ 1.000 por cada ano que fumou. Segundo uma estimativa da Adesf (Associação em Defesa da Saúde do Fumante), que move a ação, as indenizações decorrentes da sentença poderiam somar R$ 30 bilhões.*
>
> *Por ser uma ação coletiva, qualquer fumante ou ex-fumante poderia, em tese, usar a decisão da juíza para pleitear uma indenização.*
>
> *[...] A Adesf iniciou o processo em 1995 com base no Código de Defesa do Consumidor, que obriga toda a indústria a alertar sobre os perigos e os danos dos pro-*

---

* Nela, os titulares da ação coletivas são grupos de pessoas (categorias) que figuram no processo por meio de representações e se destinam à obtenção de uma decisão.

dutos que fabrica. Foi a primeira ação coletiva contra a indústria do cigarro no Brasil. Ação coletiva é o tipo de processo movido quando interesses coletivos estão em jogo. (Carvalho, 2008)

Essa ação coletiva é um interessante modelo para a compreensão do sistema das relações de consumo. A análise da notícia, feita no *blog* Para Entender Direito, do referido jornal, relembra:

> *Para o direito, coletivo é o grupo sobre o qual sabe-se ou, o que é mais comum, não se sabe o número total mas cujo número total é possível ser definido pois os critérios para definir quem faz parte dele ou não são claros. Vejamos o exemplo [...]: não se sabe quantas pessoas exatamente fumam no Brasil, mas ou você é fumante, ou não é, portanto, em teoria, é possível quantificar o número exato de fumantes no país. Outro exemplo: se uma empresa distribui um medicamento contaminado, não se sabe quantas pessoas foram afetadas mas, em teoria, é possível saber: basta descobrir quem tomou o remédio. O interesse* **coletivo** *se difere do interesse* **difuso** *porque no interesse difuso não é possível estabelecer com clareza quem faz parte do grupo e quem não faz. Por exemplo, se uma indústria polui o ar, não é possível saber quantas pessoas exatamente inalaram o ar poluído, mas ainda assim existe um interesse difuso a ser defendido, pois sabe-se que pessoas respiraram aquele ar (ainda que ninguém saiba ou possa vir a saber com precisão quantas e quais).* (Interesses..., 2010, grifos do original)

Em relação às ações aplicáveis na tutela coletiva do consumidor, Savio (2009) relembra:

> *Discute-se na doutrina se as expressões "Ação Civil Pública" e "Ação Coletiva" são sinônimas ou se possuem significados distintos.*

Uma primeira corrente sustenta que se trata de institutos diferentes: "a ação civil pública foi concebida inicialmente como a ação em que o Ministério Público fosse o autor no campo cível, em um paralelo com a ação penal pública", não havendo coincidência entre os termos ação civil pública e ação coletiva. Nesse sentido, a interdição de incapaz é ação civil pública, embora não seja coletiva, por não defender interesses de um grupo.

A autora socorre-se de Moraes (2007), o qual defende que *ação civil pública* e *ação coletiva* não são expressões sinônimas.

A ação civil pública é uma demanda proposta pelo Ministério Público, "destinada a tutelar interesses e direitos coletivos lato sensu, *individuais indisponíveis, bem como a ordem jurídica e o regime democrático". Já a ação coletiva "é aquela proposta por qualquer legitimado, autorizado por lei, objetivando a tutela de interesses coletivos* lato sensu".* (Sávio, 2009)

A **ação popular**, por sua vez, concede ao cidadão o direito de ir a juízo para tentar invalidar atos administrativos praticados por pessoas jurídicas de direito público na condição de administração direta e também por pessoas jurídicas da administração indireta. Conforme ensina Costa (2011), a ação popular

é posta à disposição de qualquer cidadão para a tutela do patrimônio público ou de entidade que o Estado participe, da moralidade administrativa, do meio ambiente e do patrimônio histórico cultural, mediante a anulação do ato lesivo.

Dessa forma podemos concluir que a Ação Popular é um remédio constitucional, que possibilita ao cidadão brasileiro que esteja em pleno gozo de seus direitos políticos, tutele em nome próprio interesse da coletividade de forma a prevenir ou reformar atos lesivos praticados por agente públicos ou a eles equiparados por lei ou delegação, na proteção do patrimônio público ou entidade custeada pelo Estado, ou ainda a moralidade administrativa, ao meio ambiente e ao patrimônio histórico cultural.

Síntese

Neste capítulo, expusemos as principais condições que regem as técnicas da oferta e da publicidade sob o ponto de vista da relações de consumo. Pudemos analisar os reflexos dessas práticas no mercado de consumo, identificando a publicidade enganosa, a publicidade abusiva e as penas previstas para esses casos.

Questões para revisão

1) De acordo com o CDC, qual é a diferença entre *publicidade enganosa* e *publicidade abusiva*?

2) De acordo com o CDC, é correto afirmar:
    a. Publicidade enganosa é aquela que induz o consumidor a erro.
    b. Publicidade discriminatória é considerada publicidade abusiva.
    c. Publicidade que se aproveita do medo das pessoas é abusiva.
    d. Publicidade que explora a inexperiência da criança é considerada abusiva.
    e. Todas as alternativas anteriores estão corretas.

3) Entre os princípios relativos à publicidade previstos no CDC, destaca-se o da vinculação da oferta. O que determina esse princípio?

4) Sobre o princípio da identificação, assinale a alternativa correta:
   a. Ele permite a publicidade implícita, desde que identificada posteriormente.
   b. Ele permite qualquer tipo de publicidade, mesmo a disfarçada.
   c. Ele proíbe a publicidade explícita.
   d. Ele não se manifesta em relação à publicidade implícita ou explícita.
   e. Ele proíbe a publicidade disfarçada.

5) A defesa do consumidor em relação às demandas relacionadas à oferta e à publicidade ocorrem:
   a. apenas na esfera administrativa.
   b. nas esferas administrativa e judicial civil.
   c. nas esferas administrativa, judicial civil e penal.
   d. nas esferas judicial civil e penal.
   e. apenas na esfera civil.

Questões para reflexão

1) As práticas da oferta e da publicidade possuem grande relevância no Direito do Consumidor, especialmente pelo alcance de suas consequências, tendo em vista o conceito amplo de *consumidor*. Analise o impacto dessas práticas e os riscos que elas impõem à sociedade.

2) Considerando-se que a responsabilidade, nas relações de consumo, é solidária, discorra sobre os reflexos desse aspecto em relação à oferta e à publicidade, em que normalmente muitos agentes, como anunciantes, agências de publicidade e veículos de comunicação, atuam solidariamente.

V

Legislação aplicada ao Direito do Consumidor

Conteúdos do capítulo

» Constituição Federal (CF).
» Estatuto de Defesa do Torcedor (EDT).
» Conselho Administrativo de Defesa Econômica (Cade) e Sistema Brasileiro de Defesa da Concorrência (SBDC).
» Proteção do consumidor e o Código Civil brasileiro.

Após o estudo deste capítulo, você será capaz de:

1. conhecer e compreender as principais leis relacionadas à proteção do consumidor brasileiro;
2. entender a importância da CF como lei máxima do país e sua contribuição para a formação de um sistema protecionista nas relações de consumo;
3. conhecer outros importantes dispositivos legais, como o EDT, o Cade e outras questões relacionadas aos consumidores, no Código Civil brasileiro.

Além da Lei n. 8.078/1990, de 11 de setembro de 1990 (Brasil, 1990) – o Código de Defesa do Consumidor (CDC) –, o consumidor brasileiro é também protegido por outros diplomas legais que têm como base a Constituição Federal (CF). É ela que determina as primeiras normas de defesa e proteção do consumidor, conforme disposto a seguir.

5.1 Constituição Federal (CF)

Conforme já explanado, a Constituição Federal (CF), de 5 de outubro de 1988 (Brasil, 1988b), é um importante marco na história da defesa do consumidor no Brasil. Sendo uma Constituição principiológica, ela traz diretrizes básicas que serão descritas nas leis ordinárias e nos demais dispositivos normativos. Sendo assim, os princípios do Direito do Consumidor estão ali previstos. Além da CF, também têm destaque as leis ordinárias, especialmente a Lei n. 8.078/1990, o CDC, que descreve detalhadamente os instrumentos de defesa e proteção do consumidor no Brasil. Os princípios gerais constitucionais estão assim elencados:

> TÍTULO II
> Dos Direitos e Garantias Fundamentais
> CAPÍTULO I
> DOS DIREITOS E DEVERES INDIVIDUAIS E COLETIVOS
> Art. 5º Todos são iguais perante a lei, sem distinção de qualquer natureza, garantindo-se aos brasileiros e aos estrangeiros residentes no País a inviolabilidade do direito à vida, à liberdade, à igualdade, à segurança e à propriedade, nos termos seguintes:
> [...]
> XXXII – o Estado promoverá, na forma da lei, a defesa do consumidor; [...]. (Brasil, 1988b)

Esse é o primeiro dispositivo legal brasileiro que aponta para a defesa do consumidor, já indicando que o Estado a garantirá por meio de uma lei – no caso, a Lei n. 8.078/1990.

Reforçando esse objetivo, o art. 170 da CF elenca, também como princípio geral da atividade econômica, a defesa do consumidor:

> TÍTULO VII
> Da Ordem Econômica e Financeira
> CAPÍTULO I
> DOS PRINCÍPIOS GERAIS DA ATIVIDADE ECONÔMICA
> Art. 170. A ordem econômica, fundada na valorização do trabalho humano e na livre iniciativa, tem por fim assegurar a todos existência digna, conforme os ditames da justiça social, observados os seguintes princípios:
> I – soberania nacional;
> II – propriedade privada;
> III – função social da propriedade;
> IV – livre concorrência;
> V – defesa do consumidor;
> VI – defesa do meio ambiente, inclusive mediante tratamento diferenciado conforme o impacto ambiental dos produtos e serviços e de seus processos de elaboração e prestação; (Redação dada pela Emenda Constitucional n. 42, de 19.12.2003)
> VII – redução das desigualdades regionais e sociais;
> VIII – busca do pleno emprego;
> IX – tratamento favorecido para as empresas de pequeno porte constituídas sob as leis brasileiras e que tenham sua sede e administração no País. (Redação dada pela Emenda Constitucional n. 6, de 1995) (Brasil, 1988b)

A CF, como podemos ver, apresenta o Direito do Consumidor como um princípio individual (art. 5º) e também de ordem econômica (art. 170). Para dar efetividade ao "espírito" de proteção ao consumidor desejado pela Carta Magna, foi previsto no art. 48 do Ato das

Disposições Transitórias que "o Congresso Nacional, dentro de cento e vinte dias da promulgação da Constituição, elaborará código de defesa do consumidor" (Brasil, 1988b).

Conforme bem ilustra Efing (2004, p. 30),

> toda esta preocupação do legislador constituinte é efetivamente espelhada na redação do Código de Defesa do Consumidor e tem norteado as ações para a instauração e manutenção de um sistema de proteção do consumo no Brasil. Tais diretrizes constitucionais são inafastáveis pelo legislador ordinário e impõem, além da repercussão jurídica, uma nova postura social e governamental para que efetivamente o cidadão brasileiro tenha o respeito de sua dignidade humana ao menos quando estiver na condição de consumidor. Decorrência direta dessa nova postura justifica trazer a pessoa ao centro das atenções, deixando as questões meramente patrimoniais em segundo plano. Do mesmo modo, pela solidariedade constitucional é que veremos a função social do contrato e da propriedade transformar efetivamente a sociedade brasileira em uma sociedade mais justa e livre.

5.2 Estatuto de Defesa do Torcedor (EDT)

A publicação da Lei n. 10.671, de 15 de maio de 2003, conhecida como *Estatuto de Defesa do Torcedor* – EDT (Brasil, 2003), trouxe grande avanço na defesa do consumidor brasileiro. Embora o CDC seja um documento legal bastante moderno e completo, determinadas áreas necessitam de especificações mais detalhadas, para que seja possível proteger de forma mais plena os direitos dos consumidores.

Assim nasceu o EDT, com vistas a dar maiores garantias aos participantes de eventos esportivos nacionais. Em seu art. 3º, ele prevê que, "para todos os efeitos legais, equiparam-se a fornecedor, nos termos da Lei n. 8.078, de 11 de setembro de 1990, a entidade responsável pela organização da competição, bem como a entidade de prática desportiva detentora do mando de jogo" (Brasil, 2003). Portanto, os organizadores de eventos esportivos e os clubes são também fornecedores, nos termos do CDC; nesse sentido, os torcedores estão equiparados a consumidores.

Um dos pontos abordados pelo EDT diz respeito à transparência das informações de eventos e competições esportivas: são asseguradas ao torcedor publicidade e transparência na organização de competições gerenciadas pelas entidades de administração do desporto, bem como pelas ligas de que trata o art. 20 da Lei n. 9.615, de 24 de março de 1998 (Brasil, 1998).

Outro importante aspecto tratado pelo EDT é a segurança dos consumidores:

> Art. 13. O torcedor tem direito a segurança nos locais onde são realizados os eventos esportivos antes, durante e após a realização das partidas. (Vigência)
> Parágrafo único. Será assegurado acessibilidade ao torcedor portador de deficiência ou com mobilidade reduzida.
> Art. 13-A. São condições de acesso e permanência do torcedor no recinto esportivo, sem prejuízo de outras condições previstas em lei; (Incluído pela Lei n. 12.299, de 2010).
> I – estar na posse de ingresso válido; (Incluído pela Lei n. 12.299, de 2010).
> II – não portar objetos, bebidas ou substâncias proibidas ou suscetíveis de gerar ou possibilitar a prática de atos de violência; (Incluído pela Lei n. 12.299, de 2010).

III – consentir com a revista pessoal de prevenção e segurança; (Incluído pela Lei n. 12.299, de 2010).

IV – não portar ou ostentar cartazes, bandeiras, símbolos ou outros sinais com mensagens ofensivas, inclusive de caráter racista ou xenófobo; (Incluído pela Lei n. 12.299, de 2010).

V – não entoar cânticos discriminatórios, racistas ou xenófobos; (Incluído pela Lei n. 12.299, de 2010).

VI – não arremessar objetos, de qualquer natureza, no interior do recinto esportivo; (Incluído pela Lei n. 12.299, de 2010).

VII – não portar ou utilizar fogos de artifício ou quaisquer outros engenhos pirotécnicos ou produtores de efeitos análogos; (Incluído pela Lei n. 12.299, de 2010).

VIII – não incitar e não praticar atos de violência no estádio, qualquer que seja a sua natureza; (Incluído pela Lei n. 12.299, de 2010).

IX – não invadir e não incitar a invasão, de qualquer forma, da área restrita aos competidores; (Incluído pela Lei n. 12.299, de 2010).

X – não utilizar bandeiras, inclusive com mastro de bambu ou similares, para outros fins que não o da manifestação festiva e amigável. (Incluído pela Lei n. 12.663, de 2012).

Parágrafo único. O não cumprimento das condições estabelecidas neste artigo implicará a impossibilidade de ingresso do torcedor ao recinto esportivo, ou, se for o caso, o seu afastamento imediato do recinto, sem prejuízo de outras sanções administrativas, civis ou penais eventualmente cabíveis. (Incluído pela Lei n. 12.299, de 2010). (Brasil, 2003)

Observe, neste ponto, que o EDT, ao elencar as condições que conferem maior segurança aos participantes de eventos esportivos, também descreve as condutas e condições apropriadas no que diz respeito aos torcedores. Vale dizer, portanto, que o Estatuto prevê direitos e obrigações aos torcedores-consumidores.

Essa linha de conduta, que implica sanções aos responsáveis por práticas censuráveis, nada mais é do que a tradução do desejo social de maior segurança e conforto em eventos esportivos, sendo necessário, para tanto, punir todos os que descumprem as normas estabelecidas, sejam eles fornecedores, sejam consumidores.

> Art. 14. Sem prejuízo do disposto nos arts. 12 a 14 da Lei n. 8.078, de 11 de setembro de 1990, a responsabilidade pela segurança do torcedor em evento esportivo é da entidade de prática desportiva detentora do mando de jogo e de seus dirigentes, que deverão:
> I – solicitar ao Poder Público competente a presença de agentes públicos de segurança, devidamente identificados, responsáveis pela segurança dos torcedores dentro e fora dos estádios e demais locais de realização de eventos esportivos;
> II – informar imediatamente após a decisão acerca da realização da partida, dentre outros, aos órgãos públicos de segurança, transporte e higiene, os dados necessários à segurança da partida, especialmente:
> a) o local;
> b) o horário de abertura do estádio;
> c) a capacidade de público do estádio; e
> d) a expectativa de público;
> III – colocar à disposição do torcedor orientadores e serviço de atendimento para que aquele encaminhe suas reclamações no momento da partida, em local:
> a) amplamente divulgado e de fácil acesso; e
> b) situado no estádio.
> § 1º É dever da entidade de prática desportiva detentora do mando de jogo solucionar imediatamente, sempre que possível, as reclamações dirigidas ao serviço de atendimento referido no inciso III, bem como reportá-las ao Ouvidor da Competição e, nos casos relacionados à violação de direitos e interesses de consumidores, aos órgãos de defesa e proteção do consumidor.

§ 2º (Revogado pela Lei n. 12.299, de 2010).

Art. 15. O detentor do mando de jogo será uma das entidades de prática desportiva envolvidas na partida, de acordo com os critérios definidos no regulamento da competição.

Art. 16. É dever da entidade responsável pela organização da competição:

I – confirmar, com até quarenta e oito horas de antecedência, o horário e o local da realização das partidas em que a definição das equipes dependa de resultado anterior;

II – contratar seguro de acidentes pessoais, tendo como beneficiário o torcedor portador de ingresso, válido a partir do momento em que ingressar no estádio;

III – disponibilizar um médico e dois enfermeiros-padrão para cada dez mil torcedores presentes à partida;

IV – disponibilizar uma ambulância para cada dez mil torcedores presentes à partida; e

V – comunicar previamente à autoridade de saúde a realização do evento.

Art. 17. É direito do torcedor a implementação de planos de ação referentes a segurança, transporte e contingências que possam ocorrer durante a realização de eventos esportivos.

[...]

§ 1º Os planos de ação de que trata o caput serão elaborados pela entidade responsável pela organização da competição, com a participação das entidades de prática desportiva que a disputarão e dos órgãos responsáveis pela segurança pública, transporte e demais contingências que possam ocorrer, das localidades em que se realizarão as partidas da competição. (Redação dada pela Lei n. 12.299, de 2010).

§ 2º Planos de ação especiais poderão ser apresentados em relação a eventos esportivos com excepcional expectativa de público.

§ 3º Os planos de ação serão divulgados no sítio dedicado à competição de que trata o parágrafo único do art. 5º no mesmo prazo de publicação do regulamento definitivo da competição.

> [...]
> Art. 18. Os estádios com capacidade superior a 10.000 (dez mil) pessoas deverão manter central técnica de informações, com infraestrutura suficiente para viabilizar o monitoramento por imagem do público presente. (Redação dada pela Lei n. 12.299, de 2010).
> Art. 19. As entidades responsáveis pela organização da competição, bem como seus dirigentes, respondem solidariamente com as entidades de que trata o art. 15 e seus dirigentes, independentemente da existência de culpa, pelos prejuízos causados a torcedor que decorram de falhas de segurança nos estádios ou da inobservância do disposto neste capítulo. (Brasil, 2003)

Percebemos, pois, que a segurança, um dos aspectos mais importantes para o consumidor de eventos esportivos, foi exaustivamente abordada pelo legislador, para que as práticas indevidas possam ser tanto inibidas quanto punidas.

5.3 Lei n. 12.529/2011

Quando tratamos da proteção ao consumidor, é importante considerar o sistema econômico e, especialmente, a concorrência de mercado. Nesse sentido, foi publicada, em 30 de novembro de 2011, a Lei n. 12.529 (Brasil, 2011), que estrutura o Sistema Brasileiro da Concorrência (SBDC) e dispõe sobre a prevenção e a repressão às infrações contra a ordem econômica, orientada pelos ditames constitucionais de liberdade de iniciativa, livre concorrência, função social da propriedade, defesa dos consumidores e repressão ao abuso do poder econômico.

De acordo com a lei, o SBDC é formado pelo Conselho Administrativo de Defesa Econômica (Cade) e pela Secretaria de Acompanhamento

Econômico do Ministério da Fazenda (Seae) e suas atribuições estão previstas no próprio diploma legal. O Cade é uma entidade com jurisdição em todo o território nacional e se constitui em autarquia federal vinculada ao Ministério da Justiça, com sede e foro no Distrito Federal, sendo composto pelos seguintes órgãos:

» Tribunal Administrativo de Defesa Econômica;
» Superintendência-Geral;
» Departamento de Estudos Econômicos.

Com vistas a reforçar a proteção aos consumidores, a mencionada lei estabelece, no art. 36, que constituem infração da ordem econômica, independentemente de culpa, atos, manifestados sob qualquer forma, cujos objetos possam produzir os efeitos descritos na sequência, ainda que estes não tenham sido verificados:

> Art. 36. [...]
> I – limitar, falsear ou de qualquer forma prejudicar a livre concorrência ou a livre iniciativa;
> II – dominar mercado relevante de bens ou serviços;
> III – aumentar arbitrariamente os lucros; e
> IV – exercer de forma abusiva posição dominante.
> § 1º A conquista de mercado resultante de processo natural fundado na maior eficiência de agente econômico em relação a seus competidores não caracteriza o ilícito previsto no inciso II do caput deste artigo.
> § 2º Presume-se posição dominante sempre que uma empresa ou grupo de empresas for capaz de alterar unilateral ou coordenadamente as condições de mercado ou quando controlar 20% (vinte por cento) ou mais do mercado relevante, podendo este percentual ser alterado pelo Cade para setores específicos da economia.
> § 3º As seguintes condutas, além de outras, na medida em que configurem hipótese prevista no caput deste artigo e seus incisos, caracterizam infração da ordem econômica:
> I – acordar, combinar, manipular ou ajustar com concorrente, sob qualquer forma:

a) os preços de bens ou serviços ofertados individualmente;
b) a produção ou a comercialização de uma quantidade restrita ou limitada de bens ou a prestação de um número, volume ou frequência restrita ou limitada de serviços;
c) a divisão de partes ou segmentos de um mercado atual ou potencial de bens ou serviços, mediante, dentre outros, a distribuição de clientes, fornecedores, regiões ou períodos;
d) preços, condições, vantagens ou abstenção em licitação pública;

II – promover, obter ou influenciar a adoção de conduta comercial uniforme ou concertada entre concorrentes;

III – limitar ou impedir o acesso de novas empresas ao mercado;

IV – criar dificuldades à constituição, ao funcionamento ou ao desenvolvimento de empresa concorrente ou de fornecedor, adquirente ou financiador de bens ou serviços;

V – impedir o acesso de concorrente às fontes de insumo, matérias-primas, equipamentos ou tecnologia, bem como aos canais de distribuição;

VI – exigir ou conceder exclusividade para divulgação de publicidade nos meios de comunicação de massa;

VII – utilizar meios enganosos para provocar a oscilação de preços de terceiros;

VIII – regular mercados de bens ou serviços, estabelecendo acordos para limitar ou controlar a pesquisa e o desenvolvimento tecnológico, a produção de bens ou prestação de serviços, ou para dificultar investimentos destinados à produção de bens ou serviços ou à sua distribuição;

IX – impor, no comércio de bens ou serviços, a distribuidores, varejistas e representantes preços de revenda, descontos, condições de pagamento, quantidades mínimas ou máximas, margem de lucro ou quaisquer outras condições de comercialização relativos a negócios destes com terceiros;

> X – discriminar adquirentes ou fornecedores de bens ou serviços por meio da fixação diferenciada de preços ou de condições operacionais de venda ou prestação de serviços;
>
> XI – recusar a venda de bens ou a prestação de serviços, dentro das condições de pagamento normais aos usos e costumes comerciais;
>
> XII – dificultar ou romper a continuidade ou desenvolvimento de relações comerciais de prazo indeterminado em razão de recusa da outra parte em submeter-se a cláusulas e condições comerciais injustificáveis ou anticoncorrenciais;
>
> XIII – destruir, inutilizar ou açambarcar matérias-primas, produtos intermediários ou acabados, assim como destruir, inutilizar ou dificultar a operação de equipamentos destinados a produzi-los, distribuí-los ou transportá-los;
>
> XIV – açambarcar ou impedir a exploração de direitos de propriedade industrial ou intelectual ou de tecnologia;
>
> XV – vender mercadoria ou prestar serviços injustificadamente abaixo do preço de custo;
>
> XVI – reter bens de produção ou de consumo, exceto para garantir a cobertura dos custos de produção;
>
> XVII – cessar parcial ou totalmente as atividades da empresa sem justa causa comprovada;
>
> XVIII – subordinar a venda de um bem à aquisição de outro ou à utilização de um serviço, ou subordinar a prestação de um serviço à utilização de outro ou à aquisição de um bem; e
>
> XIX – exercer ou explorar abusivamente direitos de propriedade industrial, intelectual, tecnologia ou marca. (Brasil, 2011)

Constatamos, por fim, que a estrutura da Lei n. 12.529/2011, ao delimitar as diretrizes da defesa da concorrência e descrever o funcionamento do Cade, reforça o grupo de instrumentos de defesa do consumidor no Brasil, que sempre buscam proteger os interesses dos cidadãos-consumidores.

5.4 O Código Civil e a defesa do consumidor

A variedade legislativa brasileira pode apresentar, em determinados momentos, conflitos e diferenças significativas. O Código Civil – instituído pela Lei n. 10.406, de 10 de janeiro de 2002 (Brasil, 2002) – encontra-se no macrossistema privado, notadamente voltado à proteção individual, enquanto o CDC é um microssistema específico das relações de consumo, com foco na defesa coletiva.

Em caso de conflito entre as duas leis, a doutrina tem apontado para a necessidade de **diálogo entre as fontes**, como assevera Efing (2004, p. 39):

> *Em verdade, na ocorrência de conflito entre as referidas leis, não deve prevalecer o diploma civil em relação ao consumerista, não apenas por se tratar o CDC de norma específica em relação à geral (CC/2002), mas também por outro aspecto importante que vai além do critério cronológico na resolução de antinomias: o contexto no qual as leis foram promulgadas. O projeto de novo Código Civil, como já frisado, teve início em 1969, e não pode concorrer com o CDC, este que foi promulgado por determinação constitucional e sob a égide de novos valores sociais traduzidos nos princípios da Carta de 1988.*

Nesse mesmo sentido, Marques (1995, p. 67) ensina que "útil, pois, é a ideia de diálogo das fontes, diálogo que significa a aplicação simultânea, coordenada e sistemática destas duas leis principais e coexistentes no Direito Privado brasileiro".

5.5 O direito na era digital e o Marco Civil da Internet

Percebemos que as tecnologias têm ocupado, de forma cada vez mais intensa, o dia a dia da sociedade atual. A internet e os dispositivos tecnológicos, como *smartphones* e *tablets*, fazem parte da vida cotidiana, o que impacta o relacionamento entre as pessoas e entre pessoas e empresas, provocando também revoluções na comunicação e no *marketing*.

Assim, tem-se questionado a necessidade de novas leis que regulamentem as relações de uma sociedade cada vez mais conectada. Há que se frisar, entretanto, que a forte presença das novas mídias não significa que novas leis venham sendo criadas. A legislação brasileira, notadamente a CF e o CDC, basta para a regulamentação, independentemente do tipo de meio.

Atualmente, o Direito do Consumidor alcança, em todos os aspectos, também os meios digitais. Uma compra realizada em um *site* (*e-commerce*), por exemplo, deve obedecer exatamente aos mesmos preceitos do CDC – assim, os direitos do consumidor permanecem garantidos, mesmo na internet.

Compreendemos, entretanto, que o surgimento de ferramentas e, muitas vezes, novos hábitos de consumo podem exigir algumas adaptações legislativas com o intuito de alinhar as leis aos novos comportamentos sociais. Assim, foi publicado o Decreto n. 7.962 ou **Decreto do Comércio Eletrônico** –, em 15 de março de 2013 (Brasil, 2013), o qual regulamenta o CDC no que diz respeito ao comércio eletrônico. Esse decreto basicamente reforça preceitos do CDC e detalha algumas obrigações dos fornecedores que atuam no ambiente digital.

Outra importante regulamentação publicada para complementar questões referentes ao ambiente digital é o **Marco Civil da Internet** – instituído pela Lei n. 12.965, de 23 de abril de 2014

(Brasil, 2014). Essa lei tem como objetivo estabelecer princípios, garantias, direitos e deveres para o uso da internet no Brasil. O Marco Civil, depois de amplamente debatido pela sociedade e por especialistas, reuniu as mais importantes condições que regulamentam o uso da tecnologia, mas não trouxe, de fato, nenhuma novidade. Ele apenas reforça os direitos e deveres já previstos na legislação brasileira, especialmente na CF (liberdade de expressão, por exemplo) e no Código Penal – Lei n. 2.848, de 7 de dezembro de 1940 (Brasil, 1940) – (calúnia e difamação, por exemplo).

Em matéria publicada no *site* Olhar Digital, Pereira (2014) revela os pontos mais importantes dessa lei, apresentados no quadro a seguir.

Quadro 5.1 – Destaques do Marco Civil da Internet

Direitos	O Marco Civil considera a internet uma ferramenta fundamental para a liberdade de expressão e aponta que ela deve ajudar o brasileiro a se comunicar e se manifestar como bem entender, nos termos da Constituição. O texto chega a apontar que "o acesso à internet é essencial ao exercício da cidadania". O internauta tem garantia de que sua vida privada não será violada, a qualidade da conexão estará em linha com o contratado e que seus dados só serão repassados a terceiros se ele aceitar – ou em casos judiciais.
Neutralidade	Um dos pontos essenciais do Marco Civil é o estabelecimento da neutralidade da rede. Em linhas gerais, isso quer dizer que as operadoras estão proibidas de vender pacotes de internet pelo tipo de uso. O governo até pode fazer essa discriminação, mas só em duas situações: se ela for indispensável para a prestação dos serviços; ou se serviços de emergência precisarem ser priorizados. Mesmo assim, o presidente que estiver no comando não tem como simplesmente mandar tirar a internet de um lugar e colocar em outro. Ele precisará consultar o Comitê Gestor da Internet e a Agência Nacional de Telecomunicações.

(continua)

(Quadro 5.1 – continuação)

Guarda de informações	Os provedores de internet e de serviços só serão obrigados a fornecer informações de seus usuários se receberem ordem judicial. No caso dos registros de conexão, os dados precisam ser mantidos pelo menos por um ano; já os registros de acesso a aplicações têm um prazo menor: seis meses. Qualquer empresa que opere no Brasil, mesmo sendo estrangeira, precisa respeitar a legislação do país e entregar as informações requeridas pela Justiça. Caso contrário, enfrentará sanções, como advertências, multa de até 10% de seu faturamento, suspensão das atividades ou proibição de atuação. Foi derrubada, ainda na Câmara, a obrigatoriedade de empresas operarem com *data centers* no Brasil.
Responsabilização pelo conteúdo	A empresa que fornece conexão nunca poderá ser responsabilizada pelo conteúdo postado por seus clientes. Já quem oferece serviços, como redes sociais, blogs, vídeos etc., corre o risco de ser culpado, caso não tire o material do ar depois de avisado judicialmente. Por exemplo: se a Justiça mandar o Google tirar um vídeo racista do YouTube e isso não for feito, o Google se torna responsável por aquele material. Haverá um prazo para que o conteúdo considerado ofensivo saia de circulação, mas o juiz que cuidar do caso pode antecipar isso se houver "prova inequívoca", levando em conta a repercussão e os danos que o material estiver causando à pessoa prejudicada.
Obrigações do governo	As administrações federal, estaduais e municipais terão uma série de determinações a cumprir, entre elas, estabelecer "mecanismos de governança multiparticipativa, transparente, colaborativa e democrática, com a participação do governo, do setor empresarial, da sociedade civil e da comunidade acadêmica" (Brasil, 2014). Os governos serão obrigados a estimular a expansão e o uso da rede, ensinando as pessoas a utilizar a tecnologia para "reduzir as desigualdades" e "fomentar a produção e circulação de conteúdo nacional" (Brasil, 2014). Os serviços eletrônicos de governo precisarão ser integrados para agilizar processos, inclusive com setores da sociedade, e a internet ainda será usada para "publicidade e disseminação de dados e informações públicos, de forma aberta e estruturada" (Brasil, 2014).

(Quadro 5.1 – conclusão)

Por fim, há ainda a preferência por tecnologias, padrões e formatos abertos e livres, e há de se estimular a implantação de centros de armazenamento, gerenciamento e disseminação de dados no Brasil, "promovendo a qualidade técnica, a inovação e a difusão das aplicações de internet, sem prejuízo à abertura, à neutralidade e à natureza participativa" (Brasil, 2014).

Fonte: Adaptado de Pereira, 2014.

Síntese

Neste capítulo, vimos que a defesa do consumidor brasileiro não está prevista apenas no CDC e tomamos contato com outros importantes dispositivos legais que preveem tal proteção. Dentre eles a CF, lei máxima do país, que estabelece como direito básico do cidadão brasileiro sua proteção como consumidor, assim como determina que essa medida seja também um princípio da ordem econômica. Frisamos também a importância do EDT e sua inovadora e importante função perante a sociedade brasileira, além de outros órgãos, como o Cade e o SBDC.

Vimos, ainda, que as relações comerciais que se dão pela internet também obedecem aos preceitos da legislação atual, o que justifica a não obrigatoriedade de criação de novas leis. Verificamos, por fim, que alguns dispositivos legais podem ser criados para complementar as leis atuais, como o decreto que regulamenta o comércio eletrônico e o Marco Civil da Internet.

Questões para revisão

1) Assinale a afirmativa verdadeira:
   a. A proteção do consumidor brasileiro está prevista integralmente no CDC.
   b. O Código Civil brasileiro não trata da defesa do consumidor.
   c. A proteção legislativa do consumidor brasileiro tem origem na CF.
   d. O Cade atua de forma independente e não integra o SBDC.
   e. O CDC se sobrepõe à CF no que diz respeito ao consumidor.

2) Considerando que algumas leis (CF, CDC, Código Civil etc.) possuem dispositivos para defender os consumidores, como proceder em caso de conflito entre elas?

3) De que forma a CF é importante para a defesa dos consumidores no Brasil? Apresente os principais aspectos que fundamentam essa relevância.

4) O Marco Civil da Internet:
   a. revogou o CDC no que diz respeito às relações de consumo na internet.
   b. não aborda questões relevantes aos consumidores na internet.
   c. complementa o CDC no que diz respeito às relações de consumo na internet.
   d. conflita com o CDC no que diz respeito às relações de consumo na internet.
   e. Nenhuma das alternativas anteriores está correta.

5) A respeito do comércio eletrônico, é correto afirmar que:
   a. não possui legislação específica no Brasil.
   b. o CDC é a única regulamentação que protege os consumidores no comércio eletrônico.

c. o Decreto n. 7.962/2013 veio para reforçar preceitos do CDC em relação à proteção do consumidor no ambiente digital.
d. o Decreto n. 7.962/2013 veio para substituir o CDC em relação à proteção do consumidor no ambiente digital.
e. Nenhuma das alternativas anteriores está correta.

Questões para reflexão

1) A CF brasileira trouxe, como reflexo dos avanços da tecnologia e da sociedade, a previsão, até então inédita, da defesa do consumidor no Brasil. Analise os aspectos mais relevantes dessa visão protecionista do consumidor e seus reflexos para o amadurecimento das relações de consumo no Brasil.

2) Analise os impactos decorrentes de a defesa do consumidor estar prevista como um direito básico do cidadão brasileiro na CF.

Constituição Federal (CF)

Considerada a lei máxima do Brasil, a CF orienta todas as demais leis, configurando-se como balizador fundamental para todos os estudos legislativos. Mostra-se especialmente importante para os estudos do Direito do Consumidor, pois foi CF a que determinou a defesa do consumidor como um direito básico dos cidadãos brasileiros.

Código Civil

O Código Civil brasileiro possui importantes interligações com o Código de Defesa do Consumidor (CDC). Como vimos nesta obra, em casos de aparentes conflitos, há que se fazer o diálogo entre as fontes, buscando sempre a harmonização destas e a efetiva proteção do cidadão consumidor.

Código de Defesa do Consumidor (CDC)

Com vistas a proteger o cidadão em sua posição de consumidor, a CF ordenou a criação de uma lei específica, fazendo assim surgir o CDC. Este, conforme estudamos, apresenta todas as condições para que haja o desejado equilíbrio nas relações de consumo no Brasil.

Código Brasileiro de Autorregulamentação Publicitária

Embora a regulamentação da publicidade no Brasil seja estatal, o mercado publicitário (anunciantes, veículos de comunicação e agências de publicidade e propaganda) criou um conselho para autorregular a atividade publicitária no Brasil, nascendo assim o Conar. Para dar efetividade à missão autorregulamentadora, foi publicado o Código Brasileiro de Autorregulamentação Publicitária, no qual estão detalhadas as normas relativas à publicidade, com vistas a proteger o consumidor.

Estatuto de Defesa do Torcedor (EDT)
Como resposta à evolução da sociedade, bem como às novas demandas das relações de consumo, foi criado o EDT, que complementa o CDC no que diz respeito à proteção dos consumidores de eventos esportivos no Brasil.

Decreto do Comércio Eletrônico
Em razão das novas relações de consumo nos meios digitais, a legislação brasileira precisou de uma atualização específica, fazendo nascer, em 2013, um decreto que determina condições específicas para o comércio eletrônico. Esse dispositivo legal reforça preceitos do CDC e explicita as obrigações relativas ao comércio na internet.

Marco Civil da Internet
Também acompanhando a evolução da sociedade, com vistas a proteger os direitos básicos dos cidadãos no ambiente digital, foi publicado o Marco Civil da Internet, considerado uma das melhores normas relativas à internet do mundo. Ele prevê importantes questões relacionadas à liberdade de expressão, à privacidade e ao direito à informação no Brasil.

O Direito do Consumidor, como vimos no decorrer desta obra, ocupa relevante espaço na sociedade brasileira. Vale ressaltar, conforme abordamos no início, que a própria Constituição Federal (CF) dá sustentação à proteção do consumidor no Brasil, uma vez que de seus ordenamentos origina-se o Código de Defesa do Consumidor (CDC).

Ao discorrer sobre a estrutura do Direito do Consumidor e a legislação aplicada a essa área, provocamos reflexões a respeito dos impactos da legislação consumerista nacional na sociedade, permitindo, ainda, análises acerca das transformações da sociedade, moderna e da influência do *marketing* nesse cenário. Nesse sentido, temas como *publicidade enganosa e abusiva* e *técnicas de marketing*, como o *merchandising*, tratados durante o livro, comprovam a importância do estudo desses temas nos dias atuais.

Além de apresentar aspectos técnicos e objetivos do sistema de proteção dos consumidores no Brasil, oferecemos importante reflexão acerca dos impactos sociais das relações de consumo, despertando profissionais da área e cidadãos comuns para o respeito aos direitos básicos que protegem o consumidor brasileiro. Essa postura permitirá o contínuo amadurecimento das relações de consumo e a permanente qualificação dos produtos e serviços ofertados no mercado.

para concluir...

Procuramos fazê-lo perceber, por fim, que os temas relacionados ao Direito do Consumidor são essenciais para a construção de uma sociedade produtiva e justa, na qual todos os agentes atuem em colaboração para o crescimento do país e, principalmente, para o fortalecimento dos direitos de cada cidadão.

BRASIL. Constituição Federal. *Diário Oficial da União*, Brasília, DF, 5 out. 1988a. Disponível em: <http://www.planalto.gov.br/ccivil_03/constituicao/constituicaocompilado.htm>. Acesso em: 18 abr. 2015.

_____. Constituição Federal. *Diário Oficial da União*, Brasília, DF, 5 out. 1988b. Disponível em: <http://www.planalto.gov.br/ccivil_03/Constituicao/Constituicao.htm>. Acesso em: 18 jun. 2015.

_____. Decreto n. 7.962, de 15 de março de 2013. *Diário Oficial da União*, Poder Executivo, Brasília, DF, 15 mar. 2013. Disponível em: <http://www.planalto.gov.br/ccivil_03/_ato2011-2014/2013/decreto/d7962.htm>. Acesso em: 16 jul. 2015.

_____. Decreto n. 91.469, de 24 de julho de 1985. *Diário Oficial da União*, Poder Executivo, Brasília, DF, 25 jul. 1985. Disponível em: <http://legis.senado.gov.br/legislacao/ListaTextoIntegral.action?id=205349&norma=218901>. Acesso em: 27 jun. 2015.

_____. Decreto-Lei n. 2.848, de 7 de dezembro de 1940. *Diário Oficial da União*, Poder Executivo, Brasília, DF, 31 dez. 1940. Disponível em: <http://www.planalto.gov.br/ccivil_03/decreto-lei/del2848compilado.htm>. Acesso em: 27 jun. 2015.

_____. Lei n. 5.452, de 1º de maio de 1943. *Diário Oficial da União*, Poder Legislativo, Brasília, DF, 9 ago. 1943. Disponível em: <http://www.planalto.gov.br/ccivil_03/decreto-lei/Del5452.htm>. Acesso em: 27 jun. 2015.

BRASIL. Lei n. 8.078, de 11 de setembro de 1990. *Diário Oficial da União*, Poder Legislativo, Brasília, DF, 12 set. 1990. Disponível em: <http://www.planalto.gov.br/ccivil_03/leis/l8078.htm>. Acesso em: 11 set. 2014.

_____. Lei n. 9.615, de 24 de março de 1998. *Diário Oficial da União*, Poder Legislativo, Brasília, DF, 25 mar. 1998. Disponível em: <http://www.planalto.gov.br/ccivil_03/leis/l9615consol.htm>. Acesso em: 11 set. 2014.

_____. Lei n. 10.406, de 10 de janeiro de 2002. *Diário Oficial da União*, Poder Legislativo, Brasília, DF, 11 jan. 2002. Disponível em: <http://www.planalto.gov.br/CCivil_03/leis/2002/L10406.htm>. Acesso em: 27 jun. 2015.

_____. Lei n. 10.671, de 15 de maio de 2003. *Diário Oficial da União*, Poder Legislativo, Brasília, DF, 16 maio 2003. Disponível em: <http://www.planalto.gov.br/ccivil_03/leis/2003/l10.671.htm>. Acesso em: 11 set. 2014.

_____. Lei n. 12.529, de 30 de novembro de 2011. *Diário Oficial da União*, Poder Legislativo, Brasília, DF, 2 dez. 2011. Disponível em: <http://www.planalto.gov.br/ccivil_03/_ato2011-2014/2011/Lei/L12529.htm>. Acesso em: 11 set. 2014.

_____. Lei n. 12.741, de 8 de dezembro de 2012. *Diário Oficial da União*, Poder Legislativo, Brasília, DF, 10 dez. 2012. Disponível em: <http://www.planalto.gov.br/ccivil_03/_ato2011-2014/2012/lei/l12741.htm>. Acesso em: 11 set. 2014.

_____. Lei n. 12.965, de 23 de abril de 2014. *Diário Oficial da União*, Poder Legislativo, Brasília, DF, 24 abr. 2014. Disponível em: <http://www.planalto.gov.br/ccivil_03/_ato2011-2014/2014/lei/l12965.htm>. Acesso em: 11 set. 2014.

CARVALHO, M. C. TJ anula sentença de R$ 30 bi contra cigarro. *Folha de S. Paulo*, 13 nov. 2008. Cotidiano. Disponível em: <http://www1.folha.uol.com.br/fsp/cotidian/ff1311200813.htm>. Acesso em: 9 mar. 2014.

CONAR – Conselho Nacional de Autorregulamentação Publicitária. *Código Brasileiro de Autorregulamentação Publicitária*. 1980. Disponível em: <http://www.conar.org.br/codigo/codigo.php>. Acesso em: 11 set. 2014.

COSTA, K. C. Ação Popular e Ação Civil Pública. In: *Âmbito Jurídico*, Rio Grande, v. 24, n. 90, jul 2011. Disponível em: <http://www.ambito-juridico.com.br/site/?n_link=revista_artigos_leitura&artigo_id=9888&revista_caderno=9>. Acesso em: 21 maio 2015.

CRISTÓVAM, J. S. A doutrina do direito de Emmanuel Kant. *Jus Navigandi*, out. 2011. Disponível em: <http://jus.com.br/artigos/20165/a-doutrina-do-direito-de-emmanuel-kant>. Acesso em: 14 abr. 2015.

EFING, A. C. *Fundamentos do direito das relações de consumo*. 2. ed. Curitiba: Juruá, 2004.

GOMES, D. V. Sobre a oferta no Código de Defesa do Consumidor. *Jornal Informante*, Farroupilha, v. 205, jan. 2012.

GRAU, E. R. *A ordem econômica na Constituição de 1988*: interpretação e crítica. 5. ed. São Paulo: Malheiros, 2000.

GUGLINSKI, V. Diferenças entre responsabilidade pelo fato e pelo vício de produtos e serviços. *Jus Brasil*, 2013. Disponível em: <http://vitorgug.jusbrasil.com.br/artigos/111824698/diferencas-entre-responsabilidade-pelo-fato-e-pelo-vicio-de-produtos-e-servicos>. Acesso em: 8 mar. 2014.

INTERESSES difusos e coletivos. Folha de S. Paulo, 31 mar. 2010. Blog Para entender Direito. Disponível em: <http://direito.folha.uol.com.br/blog/category/2008/4>. Acesso em: 18 jun. 2015.

LISBOA, R. S. *Responsabilidade civil nas relações de consumo*. 2. ed. São Paulo: Revista dos Tribunais, 2006.

MARINS, J. *Código do Consumidor comentado*. 2. ed. São Paulo: RT, 1995.

MARQUES, C. L. *Contratos no Código de Defesa do Consumidor*. São Paulo: Revista dos Tribunais, 1995.

NUNES, R. As ações coletivas e as definições de direitos difusos, coletivos e individuais homogêneos no direito do consumidor. *Migalhas*, 3 mar. 2011. Disponível em: <http://www.migalhas.com.br/ABCdoCDC/92,MI128109,31047-As+acoes+coletivas+e+as+definicoes+de+direitos+difusos+coletivos+e>. Acesso em: 11 set. 2014.

_____. *Curso de Direito do Consumidor.* 7. ed. rev. e atual. São Paulo: Saraiva, 2012.

PEREIRA, L. 5 pontos essenciais para entender o marco civil da internet. *Olhar Digital*, 22 abr. 2014. Disponível em: <http://olhardigital.uol.com.br/noticia/41053/41053>. Acesso em: 11 set. 2014.

PROCON-SP – Fundação de Proteção e Defesa do Consumidor. *Institucional:* quem somos. Disponível em: <http://www.procon.sp.gov.br/categoria.asp?id=1254>. Acesso em: 11 set. 2014.

SAVIO, M. P. Ação civil pública e ação coletiva: problema terminológico. *Processos Coletivos*, Porto Alegre, v. 1, n. 1, out. 2009. Disponível em: <http://www.processoscoletivos.net/doutrina/18-volume-1-numero-1-trimestre-01-10-2009-a-31-12-2009/83-acao-civil-publica-e-acao-coletiva-problema-terminologico>. Acesso em: 9 mar. 2014.

THEODORO, F. A. Inversão do Ônus da Prova e o CDC. *Migalhas*, 10 out. 2013. Disponível em: <http://www.migalhas.com.br/dePeso/16,MI188019,101048-Inversao+do+onus+da+prova+e+o+CDC>. Acesso em: 9 mar. 2014.

Marco Civil da Internet

Lei n. 12.965, de 23 de abril de 2014.

Estabelece princípios, garantias, direitos e deveres para o uso da Internet no Brasil.

A PRESIDENTA DA REPÚBLICA Faço saber que o Congresso Nacional decreta e eu sanciono a seguinte Lei:

CAPÍTULO I

DISPOSIÇÕES PRELIMINARES

Art. 1º Esta Lei estabelece princípios, garantias, direitos e deveres para o uso da internet no Brasil e determina as diretrizes para atuação da União, dos Estados, do Distrito Federal e dos Municípios em relação à matéria.

Art. 2º A disciplina do uso da internet no Brasil tem como fundamento o respeito à liberdade de expressão, bem como:

I – o reconhecimento da escala mundial da rede;

II – os direitos humanos, o desenvolvimento da personalidade e o exercício da cidadania em meios digitais;

III – a pluralidade e a diversidade;

IV – a abertura e a colaboração;

V – a livre iniciativa, a livre concorrência e a defesa do consumidor; e

VI – a finalidade social da rede.

Art. 3º A disciplina do uso da internet no Brasil tem os seguintes princípios:
I – garantia da liberdade de expressão, comunicação e manifestação de pensamento, nos termos da Constituição Federal;
II – proteção da privacidade;
III – proteção dos dados pessoais, na forma da lei;
IV – preservação e garantia da neutralidade de rede;
V – preservação da estabilidade, segurança e funcionalidade da rede, por meio de medidas técnicas compatíveis com os padrões internacionais e pelo estímulo ao uso de boas práticas;
VI – responsabilização dos agentes de acordo com suas atividades, nos termos da lei;
VII – preservação da natureza participativa da rede;
VIII – liberdade dos modelos de negócios promovidos na internet, desde que não conflitem com os demais princípios estabelecidos nesta Lei.

Parágrafo único. Os princípios expressos nesta Lei não excluem outros previstos no ordenamento jurídico pátrio relacionados à matéria ou nos tratados internacionais em que a República Federativa do Brasil seja parte.

Art. 4º A disciplina do uso da internet no Brasil tem por objetivo a promoção:
I – do direito de acesso à internet a todos;
II – do acesso à informação, ao conhecimento e à participação na vida cultural e na condução dos assuntos públicos;
III – da inovação e do fomento à ampla difusão de novas tecnologias e modelos de uso e acesso; e
IV – da adesão a padrões tecnológicos abertos que permitam a comunicação, a acessibilidade e a interoperabilidade entre aplicações e bases de dados.

Art. 5º Para os efeitos desta Lei, considera-se:
I – internet: o sistema constituído do conjunto de protocolos lógicos, estruturado em escala mundial para uso público e irrestrito, com a finalidade de possibilitar a comunicação de dados entre terminais por meio de diferentes redes;
II – terminal: o computador ou qualquer dispositivo que se conecte à internet;
III – endereço de protocolo de internet (endereço IP): o código atribuído a um terminal de uma rede para permitir sua identificação, definido segundo parâmetros internacionais;
IV – administrador de sistema autônomo: a pessoa física ou jurídica que administra blocos de endereço IP específicos e o respectivo sistema autônomo de

roteamento, devidamente cadastrada no ente nacional responsável pelo registro e distribuição de endereços IP geograficamente referentes ao País;

V – conexão à internet: a habilitação de um terminal para envio e recebimento de pacotes de dados pela internet, mediante a atribuição ou autenticação de um endereço IP;

VI – registro de conexão: o conjunto de informações referentes à data e hora de início e término de uma conexão à internet, sua duração e o endereço IP utilizado pelo terminal para o envio e recebimento de pacotes de dados;

VII – aplicações de internet: o conjunto de funcionalidades que podem ser acessadas por meio de um terminal conectado à internet; e

VIII – registros de acesso a aplicações de internet: o conjunto de informações referentes à data e hora de uso de uma determinada aplicação de internet a partir de um determinado endereço IP.

Art. 6º Na interpretação desta Lei serão levados em conta, além dos fundamentos, princípios e objetivos previstos, a natureza da internet, seus usos e costumes particulares e sua importância para a promoção do desenvolvimento humano, econômico, social e cultural.

CAPÍTULO II

DOS DIREITOS E GARANTIAS DOS USUÁRIOS

Art. 7º O acesso à internet é essencial ao exercício da cidadania, e ao usuário são assegurados os seguintes direitos:

I – inviolabilidade da intimidade e da vida privada, sua proteção e indenização pelo dano material ou moral decorrente de sua violação;

II – inviolabilidade e sigilo do fluxo de suas comunicações pela internet, salvo por ordem judicial, na forma da lei;

III – inviolabilidade e sigilo de suas comunicações privadas armazenadas, salvo por ordem judicial;

IV – não suspensão da conexão à internet, salvo por débito diretamente decorrente de sua utilização;

V – manutenção da qualidade contratada da conexão à internet;

VI – informações claras e completas constantes dos contratos de prestação de serviços, com detalhamento sobre o regime de proteção aos registros de conexão e aos registros de acesso a aplicações de internet, bem como sobre práticas de gerenciamento da rede que possam afetar sua qualidade;

VII – não fornecimento a terceiros de seus dados pessoais, inclusive registros de conexão, e de acesso a aplicações de internet, salvo mediante consentimento livre, expresso e informado ou nas hipóteses previstas em lei;

VIII – informações claras e completas sobre coleta, uso, armazenamento, tratamento e proteção de seus dados pessoais, que somente poderão ser utilizados para finalidades que:

    a) justifiquem sua coleta;

    b) não sejam vedadas pela legislação; e

    c) estejam especificadas nos contratos de prestação de serviços ou em termos de uso de aplicações de internet;

IX – consentimento expresso sobre coleta, uso, armazenamento e tratamento de dados pessoais, que deverá ocorrer de forma destacada das demais cláusulas contratuais;

X – exclusão definitiva dos dados pessoais que tiver fornecido a determinada aplicação de internet, a seu requerimento, ao término da relação entre as partes, ressalvadas as hipóteses de guarda obrigatória de registros previstas nesta Lei;

XI – publicidade e clareza de eventuais políticas de uso dos provedores de conexão à internet e de aplicações de internet;

XII – acessibilidade, consideradas as características físico-motoras, perceptivas, sensoriais, intelectuais e mentais do usuário, nos termos da lei; e

XIII – aplicação das normas de proteção e defesa do consumidor nas relações de consumo realizadas na internet.

Art. 8º A garantia do direito à privacidade e à liberdade de expressão nas comunicações é condição para o pleno exercício do direito de acesso à internet.

Parágrafo único. São nulas de pleno direito as cláusulas contratuais que violem o disposto no *caput*, tais como aquelas que:

I – impliquem ofensa à inviolabilidade e ao sigilo das comunicações privadas, pela internet; ou

II – em contrato de adesão, não ofereçam como alternativa ao contratante a adoção do foro brasileiro para solução de controvérsias decorrentes de serviços prestados no Brasil.

CAPÍTULO III

DA PROVISÃO DE CONEXÃO E DE APLICAÇÕES DE INTERNET

Seção I

Da Neutralidade de Rede

Art. 9º O responsável pela transmissão, comutação ou roteamento tem o dever de tratar de forma isonômica quaisquer pacotes de dados, sem distinção por conteúdo, origem e destino, serviço, terminal ou aplicação.

§ 1º A discriminação ou degradação do tráfego será regulamentada nos termos das atribuições privativas do Presidente da República previstas no inciso IV do art. 84 da Constituição Federal, para a fiel execução desta Lei, ouvidos o Comitê Gestor da Internet e a Agência Nacional de Telecomunicações, e somente poderá decorrer de:

I – requisitos técnicos indispensáveis à prestação adequada dos serviços e aplicações; e

II – priorização de serviços de emergência.

§ 2º Na hipótese de discriminação ou degradação do tráfego prevista no § 1º, o responsável mencionado no *caput* deve:

I – abster-se de causar dano aos usuários, na forma do art. 927 da Lei n. 10.406, de 10 de janeiro de 2002 – Código Civil;

II – agir com proporcionalidade, transparência e isonomia;

III – informar previamente de modo transparente, claro e suficientemente descritivo aos seus usuários sobre as práticas de gerenciamento e mitigação de tráfego adotadas, inclusive as relacionadas à segurança da rede; e

IV – oferecer serviços em condições comerciais não discriminatórias e abster-se de praticar condutas anticoncorrenciais.

§ 3º Na provisão de conexão à internet, onerosa ou gratuita, bem como na transmissão, comutação ou roteamento, é vedado bloquear, monitorar, filtrar ou analisar o conteúdo dos pacotes de dados, respeitado o disposto neste artigo.

Seção II

Da Proteção aos Registros, aos Dados Pessoais e às Comunicações Privadas

Art. 10. A guarda e a disponibilização dos registros de conexão e de acesso a aplicações de internet de que trata esta Lei, bem como de dados pessoais e do conteúdo de comunicações privadas, devem atender à preservação da intimidade, da vida privada, da honra e da imagem das partes direta ou indiretamente envolvidas.

§ 1º O provedor responsável pela guarda somente será obrigado a disponibilizar os registros mencionados no *caput*, de forma autônoma ou associados a dados pessoais ou a outras informações que possam contribuir para a identificação do usuário ou do terminal, mediante ordem judicial, na forma do disposto na Seção IV deste Capítulo, respeitado o disposto no art. 7º.

§ 2º O conteúdo das comunicações privadas somente poderá ser disponibilizado mediante ordem judicial, nas hipóteses e na forma que a lei estabelecer, respeitado o disposto nos incisos II e III do art. 7º.

§ 3º O disposto no *caput* não impede o acesso aos dados cadastrais que informem qualificação pessoal, filiação e endereço, na forma da lei, pelas autoridades administrativas que detenham competência legal para a sua requisição.

§ 4º As medidas e os procedimentos de segurança e de sigilo devem ser informados pelo responsável pela provisão de serviços de forma clara e atender a padrões definidos em regulamento, respeitado seu direito de confidencialidade quanto a segredos empresariais.

Art. 11. Em qualquer operação de coleta, armazenamento, guarda e tratamento de registros, de dados pessoais ou de comunicações por provedores de conexão e de aplicações de internet em que pelo menos um desses atos ocorra em território nacional, deverão ser obrigatoriamente respeitados a legislação brasileira e os direitos à privacidade, à proteção dos dados pessoais e ao sigilo das comunicações privadas e dos registros.

§ 1º O disposto no *caput* aplica-se aos dados coletados em território nacional e ao conteúdo das comunicações, desde que pelo menos um dos terminais esteja localizado no Brasil.

§ 2º O disposto no *caput* aplica-se mesmo que as atividades sejam realizadas por pessoa jurídica sediada no exterior, desde que oferte serviço ao público brasileiro ou pelo menos uma integrante do mesmo grupo econômico possua estabelecimento no Brasil.

§ 3º Os provedores de conexão e de aplicações de internet deverão prestar, na forma da regulamentação, informações que permitam a verificação quanto ao cumprimento da legislação brasileira referente à coleta, à guarda, ao armazenamento ou ao tratamento de dados, bem como quanto ao respeito à privacidade e ao sigilo de comunicações.

§ 4º Decreto regulamentará o procedimento para apuração de infrações ao disposto neste artigo.

Art. 12. Sem prejuízo das demais sanções cíveis, criminais ou administrativas, as infrações às normas previstas nos arts. 10 e 11 ficam sujeitas, conforme o caso, às seguintes sanções, aplicadas de forma isolada ou cumulativa:

I – advertência, com indicação de prazo para adoção de medidas corretivas;

II – multa de até 10% (dez por cento) do faturamento do grupo econômico no Brasil no seu último exercício, excluídos os tributos, considerados a condição econômica do infrator e o princípio da proporcionalidade entre a gravidade da falta e a intensidade da sanção;

III – suspensão temporária das atividades que envolvam os atos previstos no art. 11; ou

IV – proibição de exercício das atividades que envolvam os atos previstos no art. 11.

Parágrafo único. Tratando-se de empresa estrangeira, responde solidariamente pelo pagamento da multa de que trata o *caput* sua filial, sucursal, escritório ou estabelecimento situado no País.

Subseção I

Da Guarda de Registros de Conexão

Art. 13. Na provisão de conexão à internet, cabe ao administrador de sistema autônomo respectivo o dever de manter os registros de conexão, sob sigilo, em ambiente controlado e de segurança, pelo prazo de 1 (um) ano, nos termos do regulamento.

§ 1º A responsabilidade pela manutenção dos registros de conexão não poderá ser transferida a terceiros.

§ 2º A autoridade policial ou administrativa ou o Ministério Público poderá requerer cautelarmente que os registros de conexão sejam guardados por prazo superior ao previsto no *caput*.

§ 3º Na hipótese do § 2º, a autoridade requerente terá o prazo de 60 (sessenta) dias, contados a partir do requerimento, para ingressar com o pedido de autorização judicial de acesso aos registros previstos no *caput*.

§ 4º O provedor responsável pela guarda dos registros deverá manter sigilo em relação ao requerimento previsto no § 2º, que perderá sua eficácia caso o pedido de autorização judicial seja indeferido ou não tenha sido protocolado no prazo previsto no § 3º.

§ 5º Em qualquer hipótese, a disponibilização ao requerente dos registros de que trata este artigo deverá ser precedida de autorização judicial, conforme disposto na Seção IV deste Capítulo.

§ 6º Na aplicação de sanções pelo descumprimento ao disposto neste artigo, serão considerados a natureza e a gravidade da infração, os danos dela resultantes, eventual vantagem auferida pelo infrator, as circunstâncias agravantes, os antecedentes do infrator e a reincidência.

Subseção II

Da Guarda de Registros de Acesso a Aplicações de Internet na Provisão de Conexão

Art. 14. Na provisão de conexão, onerosa ou gratuita, é vedado guardar os registros de acesso a aplicações de internet.

Subseção III

Da Guarda de Registros de Acesso a Aplicações de Internet na Provisão de Aplicações

Art. 15. O provedor de aplicações de internet constituído na forma de pessoa jurídica e que exerça essa atividade de forma organizada, profissionalmente e com fins econômicos deverá manter os respectivos registros de acesso a aplicações de internet, sob sigilo, em ambiente controlado e de segurança, pelo prazo de 6 (seis) meses, nos termos do regulamento.

§ 1º Ordem judicial poderá obrigar, por tempo certo, os provedores de aplicações de internet que não estão sujeitos ao disposto no *caput* a guardarem registros de acesso a aplicações de internet, desde que se trate de registros relativos a fatos específicos em período determinado.

§ 2º A autoridade policial ou administrativa ou o Ministério Público poderão requerer cautelarmente a qualquer provedor de aplicações de internet que os registros de acesso a aplicações de internet sejam guardados, inclusive por prazo superior ao previsto no *caput*, observado o disposto nos §§ 3º e 4º do art. 13.

§ 3º Em qualquer hipótese, a disponibilização ao requerente dos registros de que trata este artigo deverá ser precedida de autorização judicial, conforme disposto na Seção IV deste Capítulo.

§ 4º Na aplicação de sanções pelo descumprimento ao disposto neste artigo, serão considerados a natureza e a gravidade da infração, os danos dela resultantes, eventual vantagem auferida pelo infrator, as circunstâncias agravantes, os antecedentes do infrator e a reincidência.

Art. 16. Na provisão de aplicações de internet, onerosa ou gratuita, é vedada a guarda:

I – dos registros de acesso a outras aplicações de internet sem que o titular dos dados tenha consentido previamente, respeitado o disposto no art. 7º; ou

II – de dados pessoais que sejam excessivos em relação à finalidade para a qual foi dado consentimento pelo seu titular.

Art. 17. Ressalvadas as hipóteses previstas nesta Lei, a opção por não guardar os registros de acesso a aplicações de internet não implica responsabilidade sobre danos decorrentes do uso desses serviços por terceiros.

Seção III

Da Responsabilidade por Danos Decorrentes de Conteúdo Gerado por Terceiros

Art. 18. O provedor de conexão à internet não será responsabilizado civilmente por danos decorrentes de conteúdo gerado por terceiros.

Art. 19. Com o intuito de assegurar a liberdade de expressão e impedir a censura, o provedor de aplicações de internet somente poderá ser responsabilizado civilmente por danos decorrentes de conteúdo gerado por terceiros se, após ordem judicial específica, não tomar as providências para, no âmbito e nos limites técnicos do seu serviço e dentro do prazo assinalado, tornar indisponível o conteúdo apontado como infringente, ressalvadas as disposições legais em contrário.

§ 1º A ordem judicial de que trata o *caput* deverá conter, sob pena de nulidade, identificação clara e específica do conteúdo apontado como infringente, que permita a localização inequívoca do material.

§ 2º A aplicação do disposto neste artigo para infrações a direitos de autor ou a direitos conexos depende de previsão legal específica, que deverá respeitar a liberdade de expressão e demais garantias previstas no art. 5º da Constituição Federal.

§ 3º As causas que versem sobre ressarcimento por danos decorrentes de conteúdos disponibilizados na internet relacionados à honra, à reputação ou a direitos de personalidade, bem como sobre a indisponibilização desses conteúdos por provedores de aplicações de internet, poderão ser apresentadas perante os juizados especiais.

§ 4º O juiz, inclusive no procedimento previsto no § 3º, poderá antecipar, total ou parcialmente, os efeitos da tutela pretendida no pedido inicial, existindo prova inequívoca do fato e considerado o interesse da coletividade na disponibilização do conteúdo na internet, desde que presentes os requisitos de verossimilhança da alegação do autor e de fundado receio de dano irreparável ou de difícil reparação.

Art. 20. Sempre que tiver informações de contato do usuário diretamente responsável pelo conteúdo a que se refere o art. 19, caberá ao provedor de aplicações de internet comunicar-lhe os motivos e informações relativos à indisponibilização de conteúdo, com informações que permitam o contraditório e a ampla defesa em juízo, salvo expressa previsão legal ou expressa determinação judicial fundamentada em contrário.

Parágrafo único. Quando solicitado pelo usuário que disponibilizou o conteúdo tornado indisponível, o provedor de aplicações de internet que exerce essa atividade de forma organizada, profissionalmente e com fins econômicos substituirá o conteúdo tornado indisponível pela motivação ou pela ordem judicial que deu fundamento à indisponibilização.

Art. 21. O provedor de aplicações de internet que disponibilize conteúdo gerado por terceiros será responsabilizado subsidiariamente pela violação da intimidade decorrente da divulgação, sem autorização de seus participantes, de imagens, de vídeos ou de outros materiais contendo cenas de nudez ou de atos sexuais de caráter privado quando, após o recebimento de notificação pelo participante ou seu representante legal, deixar de promover, de forma diligente, no âmbito e nos limites técnicos do seu serviço, a indisponibilização desse conteúdo.

Parágrafo único. A notificação prevista no *caput* deverá conter, sob pena de nulidade, elementos que permitam a identificação específica do material apontado como violador da intimidade do participante e a verificação da legitimidade para apresentação do pedido.

Seção IV

Da Requisição Judicial de Registros

Art. 22. A parte interessada poderá, com o propósito de formar conjunto probatório em processo judicial cível ou penal, em caráter incidental ou autônomo, requerer ao juiz que ordene ao responsável pela guarda o fornecimento de registros de conexão ou de registros de acesso a aplicações de internet.

Parágrafo único. Sem prejuízo dos demais requisitos legais, o requerimento deverá conter, sob pena de inadmissibilidade:

I – fundados indícios da ocorrência do ilícito;

II – justificativa motivada da utilidade dos registros solicitados para fins de investigação ou instrução probatória; e

III – período ao qual se referem os registros.

Art. 23. Cabe ao juiz tomar as providências necessárias à garantia do sigilo das informações recebidas e à preservação da intimidade, da vida privada, da honra e da imagem do usuário, podendo determinar segredo de justiça, inclusive quanto aos pedidos de guarda de registro.

CAPÍTULO IV
DA ATUAÇÃO DO PODER PÚBLICO

Art. 24. Constituem diretrizes para a atuação da União, dos Estados, do Distrito Federal e dos Municípios no desenvolvimento da internet no Brasil:

I – estabelecimento de mecanismos de governança multiparticipativa, transparente, colaborativa e democrática, com a participação do governo, do setor empresarial, da sociedade civil e da comunidade acadêmica;

II – promoção da racionalização da gestão, expansão e uso da internet, com participação do Comitê Gestor da internet no Brasil;

III – promoção da racionalização e da interoperabilidade tecnológica dos serviços de governo eletrônico, entre os diferentes Poderes e âmbitos da Federação, para permitir o intercâmbio de informações e a celeridade de procedimentos;

IV – promoção da interoperabilidade entre sistemas e terminais diversos, inclusive entre os diferentes âmbitos federativos e diversos setores da sociedade;

V – adoção preferencial de tecnologias, padrões e formatos abertos e livres;

VI – publicidade e disseminação de dados e informações públicos, de forma aberta e estruturada;

VII – otimização da infraestrutura das redes e estímulo à implantação de centros de armazenamento, gerenciamento e disseminação de dados no País, promovendo a qualidade técnica, a inovação e a difusão das aplicações de internet, sem prejuízo à abertura, à neutralidade e à natureza participativa;

VIII – desenvolvimento de ações e programas de capacitação para uso da internet;

IX – promoção da cultura e da cidadania; e

X – prestação de serviços públicos de atendimento ao cidadão de forma integrada, eficiente, simplificada e por múltiplos canais de acesso, inclusive remotos.

Art. 25. As aplicações de internet de entes do poder público devem buscar:

I – compatibilidade dos serviços de governo eletrônico com diversos terminais, sistemas operacionais e aplicativos para seu acesso;

II – acessibilidade a todos os interessados, independentemente de suas capacidades físico-motoras, perceptivas, sensoriais, intelectuais, mentais, culturais e sociais, resguardados os aspectos de sigilo e restrições administrativas e legais;

III – compatibilidade tanto com a leitura humana quanto com o tratamento automatizado das informações;

IV – facilidade de uso dos serviços de governo eletrônico; e

V – fortalecimento da participação social nas políticas públicas.

Art. 26. O cumprimento do dever constitucional do Estado na prestação da educação, em todos os níveis de ensino, inclui a capacitação, integrada a outras práticas educacionais, para o uso seguro, consciente e responsável da internet como ferramenta para o exercício da cidadania, a promoção da cultura e o desenvolvimento tecnológico.

Art. 27. As iniciativas públicas de fomento à cultura digital e de promoção da internet como ferramenta social devem:

I – promover a inclusão digital;

II – buscar reduzir as desigualdades, sobretudo entre as diferentes regiões do País, no acesso às tecnologias da informação e comunicação e no seu uso; e

III – fomentar a produção e circulação de conteúdo nacional.

Art. 28. O Estado deve, periodicamente, formular e fomentar estudos, bem como fixar metas, estratégias, planos e cronogramas, referentes ao uso e desenvolvimento da internet no País.

CAPÍTULO V

DISPOSIÇÕES FINAIS

Art. 29. O usuário terá a opção de livre escolha na utilização de programa de computador em seu terminal para exercício do controle parental de conteúdo entendido por ele como impróprio a seus filhos menores, desde que respeitados os princípios desta Lei e da Lei n. 8.069, de 13 de julho de 1990 – Estatuto da Criança e do Adolescente.

Parágrafo único. Cabe ao poder público, em conjunto com os provedores de conexão e de aplicações de internet e a sociedade civil, promover a educação e fornecer informações sobre o uso dos programas de computador previstos no caput, bem como para a definição de boas práticas para a inclusão digital de crianças e adolescentes.

Art. 30. A defesa dos interesses e dos direitos estabelecidos nesta Lei poderá ser exercida em juízo, individual ou coletivamente, na forma da lei.

Art. 31. Até a entrada em vigor da lei específica prevista no § 2º do art. 19, a responsabilidade do provedor de aplicações de internet por danos decorrentes de conteúdo gerado por terceiros, quando se tratar de infração a direitos de autor ou a direitos conexos, continuará a ser disciplinada pela legislação autoral vigente aplicável na data da entrada em vigor desta Lei.

Art. 32. Esta Lei entra em vigor após decorridos 60 (sessenta) dias de sua publicação oficial.

Brasília, 23 de abril de 2014; 193º da Independência e 126º da República.

Fonte: Brasil, 2014.

Lei do *E-Commerce*

Decreto n. 7.962, de 15 de março de 2013.

Regulamenta a Lei n. 8.078, de 11 de setembro de 1990, para dispor sobre a contratação no comércio eletrônico.

A PRESIDENTA DA REPÚBLICA, no uso da atribuição que lhe confere o art. 84, **caput**, inciso IV, da Constituição, e tendo em vista o disposto na Lei no 8.078, de 11 de setembro de 1990, **DECRETA**:

Art. 1º Este Decreto regulamenta a Lei n. 8.078, de 11 de setembro de 1990, para dispor sobre a contratação no comércio eletrônico, abrangendo os seguintes aspectos:

I – informações claras a respeito do produto, serviço e do fornecedor;

II – atendimento facilitado ao consumidor; e

III – respeito ao direito de arrependimento.

Art. 2º Os sítios eletrônicos ou demais meios eletrônicos utilizados para oferta ou conclusão de contrato de consumo devem disponibilizar, em local de destaque e de fácil visualização, as seguintes informações:

I – nome empresarial e número de inscrição do fornecedor, quando houver, no Cadastro Nacional de Pessoas Físicas ou no Cadastro Nacional de Pessoas Jurídicas do Ministério da Fazenda;

II – endereço físico e eletrônico, e demais informações necessárias para sua localização e contato;

III – características essenciais do produto ou do serviço, incluídos os riscos à saúde e à segurança dos consumidores;

IV – discriminação, no preço, de quaisquer despesas adicionais ou acessórias, tais como as de entrega ou seguros;

V – condições integrais da oferta, incluídas modalidades de pagamento, disponibilidade, forma e prazo da execução do serviço ou da entrega ou disponibilização do produto; e

VI – informações claras e ostensivas a respeito de quaisquer restrições à fruição da oferta.

Art. 3º Os sítios eletrônicos ou demais meios eletrônicos utilizados para ofertas de compras coletivas ou modalidades análogas de contratação deverão conter, além das informações previstas no art. 2º, as seguintes:

I – quantidade mínima de consumidores para a efetivação do contrato;

II – prazo para utilização da oferta pelo consumidor; e

III – identificação do fornecedor responsável pelo sítio eletrônico e do fornecedor do produto ou serviço ofertado, nos termos dos incisos I e II do art. 2º.

Art. 4º Para garantir o atendimento facilitado ao consumidor no comércio eletrônico, o fornecedor deverá:

I – apresentar sumário do contrato antes da contratação, com as informações necessárias ao pleno exercício do direito de escolha do consumidor, enfatizadas as cláusulas que limitem direitos;

II – fornecer ferramentas eficazes ao consumidor para identificação e correção imediata de erros ocorridos nas etapas anteriores à finalização da contratação;

III – confirmar imediatamente o recebimento da aceitação da oferta;

IV – disponibilizar o contrato ao consumidor em meio que permita sua conservação e reprodução, imediatamente após a contratação;

V – manter serviço adequado e eficaz de atendimento em meio eletrônico, que possibilite ao consumidor a resolução de demandas referentes a informação, dúvida, reclamação, suspensão ou cancelamento do contrato;

VI – confirmar imediatamente o recebimento das demandas do consumidor referidas no inciso, pelo mesmo meio empregado pelo consumidor; e

VII – utilizar mecanismos de segurança eficazes para pagamento e para tratamento de dados do consumidor.

Parágrafo único. A manifestação do fornecedor às demandas previstas no inciso V do **caput** será encaminhada em até cinco dias ao consumidor.

Art. 5º O fornecedor deve informar, de forma clara e ostensiva, os meios adequados e eficazes para o exercício do direito de arrependimento pelo consumidor.

§ 1º O consumidor poderá exercer seu direito de arrependimento pela mesma ferramenta utilizada para a contratação, sem prejuízo de outros meios disponibilizados.

§ 2º O exercício do direito de arrependimento implica a rescisão dos contratos acessórios, sem qualquer ônus para o consumidor.

§ 3º O exercício do direito de arrependimento será comunicado imediatamente pelo fornecedor à instituição financeira ou à administradora do cartão de crédito ou similar, para que:

I – a transação não seja lançada na fatura do consumidor; ou

II – seja efetivado o estorno do valor, caso o lançamento na fatura já tenha sido realizado.

§ 4º O fornecedor deve enviar ao consumidor confirmação imediata do recebimento da manifestação de arrependimento.

Art. 6º As contratações no comércio eletrônico deverão observar o cumprimento das condições da oferta, com a entrega dos produtos e serviços contratados, observados prazos, quantidade, qualidade e adequação.

Art. 7º A inobservância das condutas descritas neste Decreto ensejará aplicação das sanções previstas no art. 56 da Lei n. 8.078, de 1990.

Art. 8º O Decreto n. 5.903, de 20 de setembro de 2006, passa a vigorar com as seguintes alterações:

"Art. 10. ....

Parágrafo único. O disposto nos arts. 2º, 3º e 9º deste Decreto aplica-se às contratações no comércio eletrônico." (NR)

Art. 9º Este Decreto entra em vigor sessenta dias após a data de sua publicação.

Fonte: Brasil, 2013.

Capítulo 1

Questões para revisão

1. d
2. Para Kant, a finalidade última do direito é a liberdade externa. Os homens se reuniram em sociedade e constituíram o Estado para garantir a liberdade, o exercício do arbítrio segundo uma lei universal. O direito não tem por fim último a igualdade ou a segurança, mas sim a liberdade, a qual é garantida a todos os seres dotados de razão. Isso enseja um postulado igualitário e inspira segurança, uma vez que a liberdade de um deve estar de acordo com a liberdade de todos, segundo uma lei universal.
3. É o direito que apresenta as normas que regem a vida harmoniosa em sociedade, estabelecendo determinados pricípios que orientem a conduta dos indivíduos. Além das regras a respeito daquilo que deve ou não ser feito, é imprescindível que também exista a previsão de punições em caso de descumprimento daquelas.
4. b
5. c

Questões para reflexão

1. Pode-se listar situações relacionadas à barbárie, à "lei dos mais fortes" e, em seguida, refletir sobre a importância do direito em nossa sociedade.
2. As fontes do direito podem ser formais (ou diretas) ou informais (ou indiretas). As formais são compostas pela lei, que é a norma editada pelo legislador, e

pelo costume, que é a utilização de forma reiterada e constante de determinada conduta, o que gera a convicção de esta ser correta. As informais são constituídas pela doutrina e pela jurisprudência. A doutrina é a interpretação da lei realizada pelos estudiosos da matéria, normalmente por meio de monografias, dissertações, teses, aulas e pareceres. A jurisprudência, por sua vez, é a interpretação da lei mediante a predominância e a constância de decisões judiciais sobre casos semelhantes.

Capítulo 2

Questões para revisão

1. c

2. *Fornecedor* é toda pessoa física ou jurídica, pública ou privada, nacional ou estrangeira, bem como os entes despersonalizados, que desenvolvem atividade de produção, montagem, criação, construção, transformação, importação, exportação, distribuição ou comercialização de produtos ou prestação de serviços.

3. Informação, vulnerabilidade e boa-fé.

4. F, V, F, V, V.

5. e

Questões para reflexão

1. Para que se configure uma relação jurídica de consumo, devem estar presentes as seguintes figuras: consumidor, fornecedor e, entre eles, uma negociação de produtos e/ou serviços.

2. A vulnerabilidade se mostra importante pois é o reconhecimento, por parte do legislador brasileiro, a respeito da posição desigual do consumidor em relação ao fornecedor. Esse reconhecimento é que fundamenta os direitos previstos no CDC, sempre em busca do equilíbrio e da justiça nas relações de consumo.

Capítulo 3

Questões para revisão

1. O objetivo é estender a qualquer fornecedor que participa do fornecimento de um produto ou serviço a responsabilização por atos que causem danos a consumidores. Assim, alcança-se o objetivo maior, que é fazer com que o consumidor possa ser efetivamente atendido em suas

demandas oriundas de relações de consumo.

2. d
3. c
4. c
5. Entre as vantagens deste instrumento, destaca-se a real possibilidade de resultado às demandas dos consumidores. O objetivo é evitar que fornecedores utilizem artifícios, como descapitalizar a empresa, para não arcar com suas condenações judiciais.

Questões para reflexão

1. Entre as principais vantagens para os consumidores estão: a inversão do ônus da prova, a responsabilidade objetiva (que independe de culpa) e a solidariedade (que permite ao consumidor escolher quais fornecedores serão responsabilizados).

2. Essa premissa significa que o fornecedor pode oferecer outra garantia além da mínima estipulada legalmente, por escrito e com linguagem clara; sua interpretação obedece aos mesmos princípios utilizados nas relações de consumo, levando em conta a boa-fé, e especialmente, a vulnerabilidade do consumidor.

Capítulo 4

Questões para revisão

1. Publicidade enganosa é aquela que induz o consumidor a erro. Ela vicia a vontade do consumidor, que é levado a pensar que o produto é uma coisa, quando, na verdade, é outra. Já a publicidade abusiva é a publicidade discriminatória de qualquer natureza, que incite à violência, explore o medo ou a superstição, aproveite-se da deficiência de julgamento e experiência da criança, desrespeite valores ambientais ou que seja capaz de induzir o consumidor a se comportar de forma prejudicial ou perigosa à sua saúde ou segurança.

2. e
3. O princípio da vinculação determina que o fornecedor que veiculou a oferta é obrigado a cumpri-la.
4. e
5. c

Questões para reflexão

1. Refletindo sobre os casos de publicidade enganosa e abusiva, podemos tomar como exemplo um anúncio de TV que faz a oferta de um produto que não cumpre o que promete. Esse anúncio teria a capacidade de prejudicar milhões de pessoas. Assim, percebemos os riscos de uma prática da publicidade e o grande prejuízo que ela causa à sociedade.
2. Resposta pessoal.

Capítulo 5

Questões para revisão

1. c
2. Em casos de aparentes conflitos entre as leis, deve-se aplicar o diálogo entre as fontes, buscando a harmonização da legislação, sempre em busca da justiça.
3. O principal aspecto da relevância da CF para a proteção dos direitos dos consumidores encontra-se justamente na inclusão do direito do consumidor como cláusula pétrea, inserida no art. 5º, entre os direitos básicos do cidadão brasileiro. Isso significa, pois, que se trata de um direito constitucional, imutável, garantido por lei a todo brasileiro.
4. c
5. c

Questões para reflexão

1. A previsão da proteção do consumidor na CF de 1988 representou grande avanço em relação à preservação dos direitos dos cidadãos brasileiros, trazendo mudança nos paradigmas até então estabelecidos no sistema jurídico pátrio. Antes dela, as relações de consumo eram abarcadas pelo Código Comercial e pelo Código Civil, nos quais as partes eram tratadas como iguais, independentemente de suas condições (pessoa física, jurídica etc).
2. Dentre os impactos da previsão constitucional da defesa do consumidor, destacam-se o reconhecimento da vulnerabilidade do consumidor e a necessidade de um tratamento especial, visando ao equilíbrio nas relações de consumo.

Ney Queiroz de Azevedo é graduado em Comunicação Social e Direito e mestre em Direito pela Pontifícia Universidade Católica do Paraná (PUCPR). Estudou Marketing Digital na Harvard University, Estados Unidos. Atualmente, é diretor e sócio-fundador da Agência Green Digital. Coordena os cursos de MBA em Marketing com ênfase em Comunicação Digital e os cursos de Publicidade e Propaganda e Relações Públicas do UniBrasil; professor pesquisador (CNPq), líder do grupo de pesquisa Comunicação, Direito e Sociedade e professor de Mídia, Marketing Digital, Legislação Publicitária e Direito do Consumidor em cursos de graduação e pós-graduação; autor e palestrante nas áreas de mídia, consumo e comunicação e direito digital e também autor do *blog* Mídia&Consumo.

Os papéis utilizados neste livro, certificados por instituições ambientais competentes, são recicláveis, provenientes de fontes renováveis e, portanto, um meio sustentável e natural de informação e conhecimento.

FSC
www.fsc.org
MISTO
Papel produzido a partir de fontes responsáveis
FSC® C114026

Impressão: Optagraf

Abril/2022